영어혁명
시리즈 **2**

따로 암기하지 않아도
내용과 맥락을 이해하면
단어가 외워집니다.

읽기만 하면 단어가 외워진다

단어 없는 단어장

언어의 본질에서 실용적 활용까지 ─────

이윤규 · 주지후 공저

DreamSchool

그동안 공부법에 대한 대중서들을 적지 않게 썼고, 이로 인하여 정말 많은 분들로부터 삶이 바뀌었다는 감사한 말씀들도 전해 들을 수 있었다.

대한민국에서 영어는 영원한 과제와 같은 느낌이다. 보다 영어공부를 하기 좋고 편한 환경으로 바뀌었다고 해도 여전히 어린 시절부터 '우리말'이 아니면서 가장 우리의 사고·언어구조와 다른 말을 배우는 것은 역시 적잖은 고통을 야기한다.

'영어혁명 시리즈'를 통해 영어로 고통 받는 분들의 삶을 바꾼다고 하면 너무 건방진 말이겠고, 그분들의 영어공부에 대한 노고를 조금이나마 덜어드릴 수 있다면 더 없이 큰 기쁨이 아닐 수 없겠다.

이 책을 위해 공동저자인 주지후 선생님과 함께 정말 오랜시간 머리를 맞대고 고민하고 의견을 나누었다. 하지만 우리 두 사람의 생각으로만 만들어진 책들이 아니라, 그 과정에서 검토한 다양한 의견과 자료들도 모두 이 책들에 녹아 있으리라 생각한다. 언제나 그렇듯 부족한 점, 수정해야 할 부분들이 보이리라 생각한다.

기존과는 사뭇 다른 방향에서 세상에 첫 선을 보이는 책들인 만큼 겸허하게 많은 분들의 비판을 받아들이고 더 좋은 책으로 거듭날 수 있도록 최선을 다하고자 한다.

이 윤 규

English Study Revolution

이 책이 세상에 나와서 기쁘다. 지난 수십년 동안 우리 사회에는 영어공부에 대한 수많은 담론이 있었다. 그러나 그 중 어느 것도 정론으로 인정받지 못했고, 이는 수많은 실패담과 사교육 과열의 원인이 되었다. 많은 사람들이 자신의 개인적 경험을 토대로 영어공부 방법을 설파한 적은 있지만, 많은 경우 이는 전문성이 결여되고 사실에 근거하지 못하였다.

반대로 전문서는 지나치게 어려워서 일반 대중에게 실질적 도움을 주지 못하였던 감이 있다. 필자는 영어교육과 언어학 전문가로서 철저히 과학적 사실에 근거한 영어공부법을 대중에게 알리고 싶었고, 이 책은 그 결과물이다.

대중과 소통하는 일을 하는 사람으로서, 나의 지식이 학술 영역에만 머물지 않아야 한다는 생각에 이 책을 집필하게 되었다. 정말로 최선을 다했다.

부디 영어로 고통 받는 이 땅의 모든 이가 이 책을 통해 저 멀리서 들어오는 긴 터널 끝의 빛을 보았으면 한다.

주 지 후

영어 혁명 이란
ENGLISH REVOLUTION

종래의 영어공부는 별다른 비판이나 검토 없이 종래로부터 구전되어 왔거나 또는 효율성에 대한 고민 없이 단지 익숙하거나 광범하게 알려졌다는 이유로 개인의 경험이나 과학적 근거가 없이 이루어진 것들을 따르는 것이 많았다. **'영어혁명 시리즈'**는 그러한 부분을 해소하기 위해 교육심리학과 스포츠심리학, 뇌신경과학, 행동경제학, 언어학의 원리에 따라 기존과 다른 방향으로 효율적으로 영어를 정복할 수 있도록 만들어졌다.

1권 '영어공부 혁명'은

기존의 영어공부법을 철저히 파헤쳐 기존의 방식이 어떤 과학적 근거에 바탕하고 있는지를 검토한 후, 그 문제점을 지적하고 새로운 대안을 제시한 책이다. 이 과정에서 세계적인 언어학자들의 영어공부법들도 중요한 것은 모두 검토를 하였고, 결과물은 단어, 문법, 읽기, 듣기, 쓰기, 말하기의 영역으로 나누어 정리하였다.

2권 '단어 없는 단어장'은

종래 단어장을 반복하며 암기하는 방식에서 벗어나, 총 570개의 필수단어를 어원별로 분류한 후, 이를 쉬운 소설의 형태로 다시 쓴 것이다. 처음부터 끝까지 한글 해석과 영문 소설을 편하게 읽기만 해도 단어가 외워지는 신기한 경험을 할 수 있도록 구성되었다. 특히 570개의 필수단어는 이 정도 수준까지를 제대로 익힌다면 공무원시험이나 수능, 토익, 토플에서 충분히 원하는 점수를 얻을 수 있는 단어들을 선별했다.

3권 '말랑말랑 영어뇌 트레이닝'은

문법과 회화를 위한 책이다. 원어민들이 연령별로 가장 많이 쓰는 표현 100가지를 선정해 나이순에 따라 정리했다. 특히 특정연령에서 왜 그런 표현들을 쓰는지 원어민의 뇌발달 과정과 생활환경을 고려해 뇌과학에 따른 이유를 제시함으로써 보다 쉽게 말하기와 문법을 동시에 잡을 수 있도록 구성하였다.

'영어혁명 시리즈'는 주지후와 이윤규가 공동으로 만들었다. 학습기술 전문가인 이윤규가 전체적인 기획과 구성을 맡아 상대적으로 가장 적은 시간과 노력의 투자로 최대의 성과를 거둘 수 있도록 틀을 만들고, 영어 전문가인 주지후가 현장에서 학생들을 가르친 경험을 바탕으로 반드시 알아야 할 필수적인 지식과 정보를 선정하고 다듬었다.

저자 소개
INTRODUCTION OF THE AUTHORS

이윤규

https://dreamschoolkr.liveklass.com/

instagram.com/dreamschoolyk

https://dreamschooltv.com

현) 공부법학회 공동회장, 법무법인 가림 파트너 변호사

- 부산대학교 법학과 졸업
- 제52회 사법시험 합격
- 대법원 사법연수원 제42기 수료
- 창원지방검찰청 공판송무부, 법무부 정책기획단 법무관, 법무실 사무관
- 「나는 무조건 합격하는 공부만 한다」著(20년 상반기 BESTSELLER 분야 1위, 진중문고 선정, 일본 · 베트남 수출)
- 「공부의 본질」著(21년 상반기 BESTSELLER 분야 1위)
- 「일 잘 하는 사람의 시간은 다르게 흘러간다」著(22년 상반기 BESTSELLER, 대만 수출)
- 「무조건 합격하는 암기의 기술」著(23년 상반기 BESTSELLER 분야 4위)
- 「몰입의 기술」著(24년 BESTSELLER 분야 6위)
- EBS「초대석」, MBC「공부가 머니」, tvN「쿨까당」등 출연
- 삼성 멀티캠퍼스, 연세대 · 서강대 · 부산대 · 홍익대 등 출강

법무법인 가림의 변호사이자 구독자 43만 명이 넘는 공부법 유튜브 **'DreamSchool 이윤규'**를 운영하고 있는 공부법 전문가. 첫 번째 책《나는 무조건 합격하는 공부만 한다》는 10만 부가 넘게 팔렸으며, 일본, 베트남으로도 수출되어 수험생들의 열광적인 호응을 받은 바 있다. 현재는 활발한 강연활동 외에도 전현직 교수와 교사, 학원장, 전문의 등으로 구성된 공부법학회의 공동회장으로서 공부법을 일반대중에 보급하기 위에 힘을 쏟고 있다.

그가 어렸을 때부터 공부를 잘한 것은 아니다. 게임에 빠져 대학 4학년 때는 제적을 당하기도 했다. 그러나 법조인이 되고자 하는 꿈을 이루기 위해 뒤늦게 공부를 시작했고, 3시간만 자며 하루 16시간씩 공부한 결과, 대한민국에서 가장 어렵다는 사법시험을 대학 재입학 후 2개월 반 만에 1차 합격, 7개월 만에 2차 합격하는 결과를 이뤄냈다.

그가 총 15만 페이지 분량의 책을 외우고 9개월 준비로 단번에 사법시험에 합격할 수 있었던 결정적 방법은 바로 '공부법'이다. 본격적인 공부에 앞서 국내외 공부법들을 먼저 수집하고 분석한 끝에 낭비 없는 노력으로 결과를 얻을 수 있었던 것이다. 이윤규 변호사는 결과를 바꾸기 위해서는 '바꿀 수 있는 것'에 모든 에너지를 쏟아야 한다고 강조한다. 그리고 결과를 만드는 요소인 재능, 노력, 방법, 운 중 이에 해당하는 것은 바로 노력과 방법으로, 제대로 된 공부법과 올바른 노력이 합쳐지면 적어도 공부에 있어서는 누구나 원하는 결과를 얻을 수 있다고 말한다.

저자 소개
INTRODUCTION OF THE AUTHORS

영어혁명
시리즈 2

주지후

- blog.naver.com/jihubrother
- instagram.com/jihubrother
- https://www.youtube.com/@jihubrother

美 Brigham Young University-Hawaii TESOL 학사

Students In Free Enterprise (SIFE) 비지니스 프레젠테이션 대회 하와이 주 우승

Students In Free Enterprise (SIFE) 비지니스 프레젠테이션 대회 USA Semi-finalist

현) 지후영어 tv 운영

전) Biz Writing & Presentation 강의

전) TOEFL Speaking 대표강사

전) TOEFL Listening 대표강사

전) TOEIC Listening 대표강사

전) 파고다어학원 토익 LC 대표 강사

전) 파고다 인강 토익 LC 대표 강사

English Study Revolution

언어학 커뮤니케이터

언어학, 영어교육 전문가다. 미국 Brigham Young University Hawaii에서 TESOL 학사 학위를 취득했고, 현재 한국외국어대학교에서 언어학 석사과정 중이다. 대학시절, 한국인으로서는 유일하게 Enactus(이전명칭:Students In Free SIFE) 발표팀의 일원 으로 활약하여 2011년 USA 대회 준결승까지 진출한 경험이 있다. 영어 외에도 라틴어 와 독일어, 프랑스어등 다양한 언어를 공부했다.

2013년부터 대한민국 3대 대형 학원 중 한 곳에서 10여년 동안 강의 경력을 쌓았으 며, 2018년에는 유튜브를 시작하여 구독자 16만 명의 채널로 성장시켰다.

KBS [해피투게더 4] "아무튼 한달-토익 편"에 출연했다. 2020년 출간 한 『신기하 게 영어 뇌가 만들어지는 영문법』은 교보문고, 예스24 베스트셀러 1위, 올해의 책 후보 로 오르기도 했으며, 이외 『대한민국 영문법 0교시』 『토익 850+ 벼락치기 10일 완성 LC+RC』 『토익 750+ 벼락치기 20일 완성 LC+RC』 등을 집필하였다.

영어혁명 시리즈 **2편 '단어 없는 단어장'**은 교육심리학의 암기기술인 '부호화이론'을 실제에 있어 가장 효율적인 순서로 재편하여, 자연스럽게 책을 따라 읽기만 해도 단어가 외워질 수 있도록 구성을 한 책이다.

통상 영어단어를 외운다고 하면 아무런 연관이 없이 알파벳 순서로 배치된 단어들을 누적적으로 반복해서 보거나, 우스꽝스러운 이미지를 통해 연상적으로 기억하는 방법이 일반적이었다. 이 과정에서 지나치게 많은 노력뿐 아니라 인내심까지도 필요로 했다. 왜냐하면 암기 즉 장기기억화는 간단히 말하자면 외우고자 하는 대상에 대해 설명이 가능한 상태가 되어야 하는데, 이처럼 아무런 규칙이나 설명 없이 단어와 예문만이 덩그러니 있는 경우는 내 기존지식과의 결합이 일어날 수가 없기 때문이다. 그래서 일단 반복을 하거나 우스꽝스러운 이미지로 기억한 후에 나중에 그 단어를 문제풀이 등의 과정을 통해 인출(retrieval)하는 과정에서 비로소 함께 본 문장이나 다른 단어들과의 맥락에서 장기기억화가 일부 이루어지게 된다(이러한 방식을 부호화이론에서는 맥락화 context라고 한다).

하지만 이 책은 수능, 공무원시험, 토익, 토플 등을 위한 필수단어 570개를 고르고 고른 후, 그것들을 어원별로 재편하고 다시 그 단어들을 포함한 쉽고 재미 있는 이야기로 만든 것이다. 게다가 챕터별로 국문해석을 먼저 배치하여, 내가 이미 알고 있는 한글 스토리에 맞추어 영단어를 최소한도의 노력으로 자연스럽게 외울 수 있도록 구성하였다.

기존 단어장의 예문들 간에는 아무런 연관이 없었는데, 이 책은 예문들을 묶어 소설의 형태로 만든 것이라고 생각하면 된다. 그리고 그 짧은 소설들은 각자 같은 어원의 단어들로 쓰여 있어 전체적인 맥락과 부분적인 단어를 기억하기에 최적의 형태이다.

이 책은 편하게 순서대로, 국문부터 읽어 나가면 된다. 그렇게 편하게 순서대로 보면서 영어 지문까지 어느 정도 기억이 난다고 할 때, 동봉된 빨간색 투명지로 본문을 가려 내가 정말 그 단어를 기억하는지 확인해 보면 된다. 본문을 완전히 익힌 후에는 **REVIEW TEST**를 통해 기억을 더욱 강화시키도록 하자.

목차
CONTENT

ENGLISH REVOLUTION SERIES 02
English Study Revolution

2_ 각기 다른 어원을 가진 단어

단어 없는 단어장

접두어로 분류한 단어

Ab-

다람쥐 너티는 **추상적인** 그림을 그렸습니다. 그림에는 밝은 색깔과 재미있는 모양이 있었습니다. 숲 속의 모든 동물들이 그 그림을 좋아했습니다.

Nutty the squirrel painted **abstract** pictures. The pictures had bright colors and fun shapes. Everyone in the forest loved them.

Ab-	~로부터 떨어져서, 떨어져 나가서

인도유럽조어 'apo-' 에서 유래했다. 이 말이 라틴어에 들어와 'ab- ~로부터 떨어져서, 떨어져 나가서'로 형태와 발음이 바뀌었고, 이후 영어로도 들어온다. 영어에서 'ab-'는 '분리, 이탈'을 나타내는 말로 흔히 쓰이며 공간, 거리, 그리고 시간에 대한 개념을 모두 나타낼 수 있다.

Abstract   Ab(떨어져, 멀리) + stract(끌어당기다) = **n** 추상화

REVIEW TEST

▪ The painting was very abstract and hard to understand.

그 그림은 매우 추상적이어서 이해하기 어려웠다.

Ad- ❶

다람쥐 너티는 추상화로 유명해졌습니다. 많은 동물들이 그의 작품에 **접근하고** 싶어해서, 너티는 더 큰 공간이 필요했습니다. 그는 작은 나무집을 **버리고** 큰 참나무로 이사했습니다. 너티와 그의 친구들은 재료를 모아 모든 방문객을 **수용할** 수 있는 갤러리를 지었습니다. 갤러리는 완벽해서 모두가 쉽게 작품을 볼 수 있었습니다. 너티는 꿈을 **이루고** 새로운 친구를 사귀게 되어 기뻤습니다. 다른 동물들도 그와 **함께하여** 그림을 배우고 싶어 했습니다. 너티는 자신의 작품과 갤러리를 자랑스러워했습니다. 그들은 더 많은 미술 용품을 **축적하고**, 갤러리가 모든 방문객에게 **충분한** 공간이 되도록 **맞추었습니다**. 너티는 새로운 기술을 **습득하고 정확한** 그림을 그렸습니다.

Nutty the squirrel became famous for his abstract paintings. Many animals wanted to **access** them, so Nutty needed a bigger space. He **abandoned** his small treehouse and moved to a big oak tree. Nutty and his friends gathered materials and built a gallery to **accommodate** all the visitors. The gallery was perfect, and everyone could easily see the art. Nutty was happy to **achieve** his dream and make new friends. Other animals wanted to **accompany** him and learn how to paint. Nutty felt proud of his work and the gallery he made. They **accumulated** more art supplies and **adapted** the gallery to make sure it was **adequate** for all the visitors. Nutty **acquired** new skills and made **accurate** paintings.

Ad-

~로, ~를 향하여

'Ad-'는 라틴어 ad에서 유래한 단어로, 공간이나 시간에서 'to, toward ~로, ~를 향하여'를 뜻한다. 때로는 단순히 뜻을 강조만 하는 경우도 있는데, 무언가에 가까이 다가가고, 함께 있으면 그것을 돕고 강하게 만든다는 인간의 통념이 반영된 것으로 보인다.

Abandon   ad(로, 향하여) + bandon(권력, 관할) = **v** 포기하다, 자유롭게 해주다

Access   ad(로, 향하여) + cedere(가다, 움직이다) = **v** 접근하다

Accommodate   ad(로, 향하여) + commodare(맞추다) = **v** 수용하다

Accompany   ad(로, 향해) + companion(동반자) = **v** 동반하다, 동행하다

Accumulate   ad(로, 향해) + cumulus(더미) = **v** 모으다, 축적하다

Accurate   ad(로, 향해) + curare(돌보다) = **adj** 정확한, 정밀한

Achieve   ad(로, 향해) + caput(머리) = **v** 달성하다, 성취하다

Acquire   ad(강조) + quaerere(얻으려고 노력하다) = **v** 얻다, 획득하다

Adapt   ad(로, 향해) + aptare(결합하다) = **v** 맞추다, 적응시키다

Adequate   ad(로, 향해) + aequus(동등한, 고르게) = **adj** 충분한, 적절한

REVIEW TEST

- The sailor had to abandon the sinking ship to stay safe.
  그 선원은 안전을 위해 가라앉는 배를 포기해야 했다.

- I use a key card to access the school library.
  나는 학교 도서관에 들어가기 위해 열쇠 카드를 사용한다.

- The hotel can accommodate up to 200 guests.
  그 호텔은 200명의 손님을 수용할 수 있다.

- My mom will accompany me to the doctor's appointment.
  엄마가 병원 예약에 나를 동행할 것이다.

- Over the years, I have managed to accumulate a lot of comic books.
  여러 해 동안 나는 많은 만화책을 모았다.

- The weather forecast was accurate , so we knew it would rain today.
  일기 예보가 정확해서 우리는 오늘 비가 올 것을 알았다.

- If you practice hard, you can achieve your goal of becoming a great soccer player.
  열심히 연습하면, 훌륭한 축구 선수가 되는 목표를 이룰 수 있다.

- I want to acquire more knowledge about space by reading books.

  나는 책을 읽어 우주에 대한 더 많은 지식을 얻고 싶다.

- Animals can adapt to their environments to survive better.

  동물들은 더 잘 생존하기 위해 환경에 적응할 수 있다.

- Make sure you have adequate supplies for the camping trip.

  캠핑 여행을 위해 충분한 물품이 있는지 확인해라.

Ad- ❷

너티의 갤러리는 매우 인기가 많았습니다. 그는 다양한 종류의 예술 작품을 위해 공간을 할당해야 했습니다. 인접한 나무들은 더 많은 그림들을 위해 사용되었습니다. 너티는 자신의 계획을 조정할 필요가 있었습니다. 그는 성인 올빼미 친구인 '멀린'에게 도움을 요청했습니다. 멀린은 방문객들을 관리하는 데 도움을 주었습니다. 멀린은 너티의 예술을 옹호했습니다. 그는 방문객들에게 긍정적인 영향을 미쳤습니다. 그들은 갤러리 확장을 도우려고 기부금을 모았습니다. 방문객들의 얼굴에 나타난 명백한 기쁨은 그들이 너티의 예술을 얼마나 사랑하는지를 보여주었습니다. 너티의 작품 집합체가 모두를 하나로 모으면서 숲은 더 행복한 곳이 되었습니다.

Nutty's gallery was very popular. He had to **allocate** space for different types of art. The **adjacent** trees were used for more paintings. Nutty needed to **adjust** his plans. He asked his **adult** owl friend, Merlin, for help. Merlin helped **administrate** the visitors. She was an **advocate** for Nutty's art and positively **affected** the visitors. They collected donations to **aid** in expanding the gallery. The **apparent** joy on the visitors' faces showed how much they loved Nutty's art. The forest became a happier place as the **aggregate** of Nutty's work brought everyone together.

Ad-	**~로, ~를 향하여**

Adjacent   ad(로, ~에게) + iacere(누워있다, 쉬다) = `adj` 인접한

Adjust   ad(로, ~쪽으로) + juxta(옆에 가까이) = `v` 조정하다

Administrate   ad(에게) + ministrare(봉사하다, 시중들다) = `v` 관리하다, 운영하다

Adult   ad(로, ~를 향해) + alescere(영양을 공급받다) = `adj` 어른, 어른의

Advocate   ad(에게, ~를 향해) + vocare(부르다) = `v` 지지하다, 옹호하다

Affect   ad(에게, ~쪽으로) + facere(만들다, 하다) = `v` 영향을 미치다

Aggregate   ad(에, ~를 향해) + gregare(동물 무리를 모으다) = `v` 모으다, 함께 모으다, 합계, 총액

Aid   ad(로, ~를 향해) + iuvare(지원하다) = `n` 돕다, 도움

Allocate   ad(로, ~에게) + locare(놓다) = `v` 할당하다

Apparent   ad(에) + parere(보이다) = `adj` 명백한

REVIEW TEST

- The playground is adjacent to the school.
  운동장은 학교에 인접해 있다.

- You can adjust the chair to make it more comfortable.
  의자를 더 편하게 조정할 수 있다.

- The principal helps administrate the school.
  교장 선생님은 학교를 관리하는 데 도움을 준다.

- When you turn 18, you are considered an adult .
  18살이 되면, 어른으로 간주된다.

- She is an advocate for animal rights.
  그녀는 동물 권리의 옹호자이다.

- Weather can affect how we feel.
  날씨는 우리의 기분에 영향을 미칠 수 있다.

- The aggregate of all the scores will be posted on the board.
  모든 점수의 합계가 게시판에 게시될 것이다.

- He wanted to aid the students in solving the problem.
  그는 학생들이 그 문제를 푸는 것을 돕고 싶어 했다.

- The teacher will _allocate_ time for each group to present.
  선생님은 각 그룹이 발표할 시간을 배정할 것이다.

- It was _apparent_ that he was happy with the gift.
  그가 선물을 받고 기뻐하는 것이 분명했다.

Ad- ❸

너티의 예술은 점점 더 인기를 끌고 있었습니다. 그는 종종 갤러리에 새로운 작품을 **덧붙이기**로 결정했습니다. 방문객들은 그의 노력과 창의성에 **감사했습니다.** 동물들이 갤러리에 **접근했**을 때, 모든 것이 전시되어 있는 방식이 얼마나 **적절한지** 보았습니다. 너티는 항상 각 작품을 배열하는 **대략적인** 최선의 방법을 찾으려고 노력했습니다. 어느 날, **중재자**로 활동하는 현명한 올빼미 멀린이 **임의의** 결정을 내려 레이아웃을 변경했습니다. 이 새로운 **측면**은 갤러리를 더욱 흥미롭게 만들었습니다. 너티와 그의 친구들은 새로운 프레임을 **모으고** 예술을 보여주는 최선의 방법을 **평가했습니다.**

Nutty's art was getting more popular. He decided to **append** new pieces to the gallery often. Visitors **appreciated** his hard work and creativity. When animals **approached** the gallery, they saw how **appropriate** everything was displayed. Nutty always tried to find the **approximate** best way to arrange each piece. One day, the wise owl Merlin, acting as an **arbiter**, made an **arbitrary** decision to change the layout. This new **aspect** made the gallery even more exciting. Nutty and his friends **assembled** new frames and **assessed** the best ways to show the art.

Ad-	~로, ~를 향하여

Append   ad(로) + signare(표시하다) = **v** 할당하다, 지정하다

Appreciate   ad(로) + pretium(가격) = **v** 인정하다, 감사하다

Approach   ad(로) + propiare(더 가까이) = **v** 다가가다, **n** 접근법

Appropriate   ad(에) + propriare(자신의 것으로 삼다) = **adj** 적절한

Approximate   ad(에) + proximare(가까이 오다) = **adj** 가까운

Arbitrary   aribitrarius(불확실한) = **adj** 임의적인, 전횡을 일삼는

Arbiter   ad(로) + baetere(오다, 가다) = **n** 증인, 중재인, 재판관

Aspect   ad(로) + specere(보다) = **n** 면, 양상

Assemble   ad(로) + simulare(비슷하게 만들다) = **v** 모으다, 조립하다

Assess   ad(로) + sedere(앉다) = **v** 재다, 평가하다

REVIEW TEST

- You need to _append_ your name to the end of the list.
  이름을 목록 끝에 추가해야 한다.

- I really _appreciate_ your help with my homework.
  숙제 도와줘서 정말 고마워.

- As we _approach_ the zoo, we could hear the lions roar.
  동물원에 다가가자, 사자들이 울부짖는 소리가 들렸다.

- Wear _appropriate_ clothing for the weather today.
  오늘 날씨에 맞는 옷을 입어라.

- The total cost is _approximate_ 50 dollars.
  총 비용은 대략 50달러이다.

- The teacher chose an _arbitrary_ day for the quiz.
  선생님은 퀴즈 날짜를 임의로 정했다.

- The _arbiter_ will decide who wins the contest.
  중재자가 대회 우승자를 결정할 것이다.

- One _aspect_ of the movie I liked was the music.
  내가 그 영화에서 좋아한 측면 중 하나는 음악이었다.

- We need to _assemble_ in the gym for the assembly.
집회를 위해 체육관에 모여야 한다.

- The teacher will _assess_ our projects next week.
선생님은 다음 주에 우리 프로젝트를 평가할 것이다.

Ad- ④

너티는 갤러리를 돕기 위해 친구들에게 특정 작업을 **지정하기**로 결정했습니다. 그는 멀린에게 새로운 작품들을 정리하는 것을 **도와달**라고 요청했습니다. 너티는 모두의 도움이 있으면 모든 일이 잘 될 것이라고 **추정했습니다.** 성공을 **보장하기** 위해 그는 모든 재료가 **구할 수 있는 상태**인지 확인했습니다. 그들은 각 예술 작품에 라벨을 **첨부하고** 전시를 깨끗하게 유지해야 했습니다. 너티는 갤러리의 성공에 대해 친구들에게 감사했습니다. 갤러리는 이제 이전보다 더 나아졌고, 방문객들은 새로운 모습을 좋아했습니다. 또한 갤러리의 개선을 너티의 리더십과 친구들의 노력 **덕분으로 돌렸습니다.** 너티는 그들이 새로운 수준의 우수성을 **달성했다**고 느꼈습니다.

Nutty decided to **assign** specific jobs to his friends to help with the gallery. He asked Merlin to **assist** in organizing the new pieces. Nutty **assumed** everything would go well with everyone's help. To **assure** success, he checked that all materials were **available**. They needed to **attach** labels to each artwork and keep the display clean. Nutty thanked his friends for the gallery's success. The gallery was now better than ever, and visitors loved the new organization, **attributing** its improvement to Nutty's leadership and his friends' efforts. Nutty felt they had **attained** a new level of excellence in their work.

Ad-	~로, ~를 향하여

Assign   ad(로) + signare(표시하다) = **v** 할당하다, 지정하다

Assist   ad(로) + sistere(서다) = **v** 돕다

Assume   ad(로) + sumere(취하다) = **v** 떠맡다, 추정하다

Assure   ad(로) + securus(안심하는) = **v** 장담하다, 보장하다

Attach   ad(로) + atachier(고정시키다) = **v** 고정하다, 걸다

Attain   ad(로) + tangere(만지다) = **v** 이루다, 달성하다

Attribute   ad(로) + tribuere(할당하다) = **v** ~의 탓으로 돌리다

Available   ad(로) + valere(가치가 있다) + able(할 수 있는) = **adj** 구할 수 있는, 이용할 수 있는

REVIEW TEST

- The teacher will _assign_ homework for us to do over the weekend.
  선생님은 주말 동안 할 숙제를 지정해주실 것이다.

- Let's _assume_ that everyone will come to the party on time.
  모두가 파티에 제시간에 올 것이라고 추정하자.

- I _assure_ you that everything will be okay.
  나는 모든 것이 잘 될 거라고 너에게 확신한다.

- Please _attach_ the file to your email before sending it.
  이메일을 보내기 전에 파일을 첨부해 주세요.

- He worked hard to _attain_ his goal of becoming a doctor.
  그는 의사가 되기 위한 목표를 달성하기 위해 열심히 노력했다.

- The book is _available_ in the library.
  그 책은 도서관에서 이용할 수 있다.

- The volunteers will _assist_ in cleaning up the beach this weekend.
  자원봉사자들은 이번 주말에 해변 청소를 도울 것이다.

- Scientists _attribute_ the rise in temperature to global warming.
  과학자들은 온도 상승을 지구 온난화 때문이라고 여긴다.

Alter-

너티는 갤러리를 더 재미있게 **바꾸기로** 결정했습니다. 그는 그림을 보여줄 **다른** 방법을 생각해냈습니다. 그림을 걸어놓는 대신 스탠드에 배치했습니다. 방문객들은 그 변화를 좋아했고 너티의 창의력을 즐겼습니다. 갤러리는 더욱 인기를 끌게 되었습니다.

Nutty decided to **alter** the gallery to make it more fun. He thought of an **alternative** way to show the paintings. Instead of hanging them, he placed them on stands. Visitors loved the change and enjoyed Nutty's creativity. The gallery became even more popular.

Alter-

둘 중 하나

라틴어로 '둘 중 하나'를 뜻하는 말이다. 라틴어에 이를 뿌리로 한 동사 'alterare 달라지게 하다'가 있었고, 이 말이 프랑스어를 통해 영어에 들어왔다.

Alter   alter(둘 중 하나) = **v** 변경하다, 수정하다

Alternative   alter 다른 + nare ~하게 하다 = **n** 대안, **adj** 대체 가능한

REVIEW TEST

- They had to _alter_ their plans due to the unexpected weather.
  예상치 못한 날씨 때문에 그들은 계획을 변경해야 했다.

- If the main road is closed, we need an _alternative_ route.
  주요 도로가 폐쇄되면, 우리는 대체 경로가 필요하다.

Ambi-

너티는 일부 방문객들이 표지판을 **모호하다**고 생각하는 것을 보았습니다. 그는 새롭고 간단한 표지판을 만들었습니다. 이제 방문객들은 혼란스럽지 않았고 갤러리를 더 즐겼습니다. 너티는 모두가 예술을 이해하고 좋아할 수 있어서 행복했습니다.

Nutty saw that some visitors found the signs **ambiguous**. He made new, simple signs. Now, visitors were not confused and enjoyed the gallery more. Nutty was happy that everyone could understand and like the art.

Ambi-	양편에, 주위에

'양편에, 주위에'를 뜻하는 라틴어 단어 'ambi'에서 유래했다. 개구리나 도마뱀 따위를 일컫는 '양서류兩棲類'가 영어로 'amphibian'인데 여기서 'amphi-'가 'ambi-'를 그리스어로 쓴 것이다.

Ambiguous   ambi(양쪽의) + agere(끌어내다) = `adj` 애매모호한

REVIEW TEST

▪ The meaning of the word is <u>ambiguous</u> in this sentence.
이 문장에서 단어의 의미는 애매모호하다.

Ana-

너티는 갤러리를 개선하고 싶었습니다. 그는 갤러리가 시작, 중간, 끝이 있는 이야기와 같다고 비유를 했습니다. 친구들은 이를 이해하고 도왔습니다. 그들은 갤러리의 각 부분을 분석했습니다. 갤러리는 더 정돈되고 모든 방문객에게 재미있어졌습니다.

Nutty wanted to improve his gallery. He used an **analogy**, saying the gallery was like a story with a clear beginning, middle, and end. His friends understood and helped. They **analyzed** each part of the gallery. The gallery became more organized and fun for all visitors.

Ana-

위로, ~까지, ~를 향하여

'위로, ~까지, ~를 향하여'를 뜻하는 그리스어 'ana'에서 유래했다. 영어 전치사 'on'과 뿌리가 같다.

Analogy   ana(~까지) + logos(비율, 계산) = **n** 비유

Analyze   ana(위로) + lyein(풀다) = **v** 분석하다

REVIEW TEST

- An _analogy_ is comparing two things that are alike in some way.
  비유란 어떤 면에서 비슷한 두 가지를 비교하는 것이다.

- We need to _analyze_ the results of the experiment.
  우리는 실험 결과를 분석해야 한다.

Ante-

너티는 새로운 예술 전시에 대한 방문객들의 기대를 예상했습니다. 그는 모든 것을 신중하게 배치했습니다. 갤러리가 열렸을 때, 모두가 변화를 좋아했습니다. 너티는 그들의 미소를 보고 행복했습니다.

Nutty **anticipated** the visitors' excitement for the new art display. He carefully arranged everything. When the gallery opened, everyone loved the changes. Nutty was happy to see their smiles.

Ante-   ~앞에

인도유럽조어 'ant-'에서 유래한 말이다. 'ant-'는 '앞'이라는 뜻을 나타냈는데, 이 말이 라틴어에서 'ante-'가 되었다. '~앞에'라는 말은 시간상 '전'을 나타내고, 공간에서는 가까운 곳에 있으며 대상을 등지거나 마주보고 있는 그림을 표현한다. 이 개념에서 'anti-'가 나왔고 이는 '~에 반하여, 대항하여'라는 뜻으로 쓰인다. 즉, 'ante-'와 'anti-'는 같은 말이었다.

Anticipate   ante(앞서, 미리) + capere(잡다) = V 예상하다

REVIEW TEST

- I _anticipate_ that it will rain tomorrow.

  나는 내일 비가 올 것으로 예상한다.

Cap-

너티는 친구들이 도울 수 있는 **능력이 있다**는 것을 알고 있었습니다. 함께 갤러리를 더 좋게 만들기 위해 일했습니다. 그들은 갤러리의 최대 **용량**까지 더 많은 예술 작품을 추가했습니다. 방문객들은 새로운 작품들을 즐겼고, 너티는 그들이 이뤄낸 것을 자랑스러워했습니다.

Nutty knew his friends were **capable** of helping him. Together, they worked to make the gallery better. They added more art until the gallery was at full **capacity**. Visitors enjoyed the new additions, and Nutty was proud of what they had achieved.

Cap-

~로부터 떨어져서, 떨어져 나가서

인도유럽조어 'kap- 잡다'에서 파생된 라틴어 동사 'capere 잡다'의 앞부분이다. 물리적이든 추상적이든 무엇을 '통제 가능한 범위 내에 넣는다'는 그림을 표현한다.

Capable   Cap(잡다)의 형용사 형태 = `adj` ~을 할 수 있는

Capacity   Cap(잡다)의 명사형태 = `n` 용량, 능력

REVIEW TEST

▪ She is _capable_ of solving difficult math problems.
그녀는 어려운 수학 문제를 해결할 능력이 있다.

▪ The stadium has a seating _capacity_ of 50,000.
그 경기장은 5만 명의 수용 인원을 갖추고 있다.

Circum-

너티는 그의 갤러리가 성공한 것에 행복했습니다. 하지만 어느 날 **상황**이 변했습니다.

Nutty was happy with his gallery's success. But one day, the **circumstance** changed.

Circum-

주위에, 주변에

라틴어 명사 'circus'에서 나온 말이다. 'circus'는 '원, 동그라미'라는 뜻인데, 여기에서 영어 단어 'circle 원'과 'circus 서커스'가 나왔다. 'Circum-'은 라틴어에서 부사나 전치사로 쓰이며 '주위에, 주변에'를 뜻한다.

Circumstance   circum(주위) + stare(서다) = **n** 환경, 상황

REVIEW TEST

▪ In that _circumstance_, it was the right decision.
그 상황에서 그것은 올바른 결정이었다.

Co- ①

폭풍 후, 갤러리가 **무너졌습니다**. 너티와 **동료들**은 문제를 해결하려 노력했습니다. 하지만 갤러리와 다른 이벤트가 **겹치는** 새로운 문제가 생겼습니다. 고객의 요구를 파악하고 모든 것을 **일관성 있는** 상태로 유지하는 것이 어려웠습니다. 너티와 그의 동료들은 갤러리 재건을 **시작하기로** 결심하고 열심히 일하여 **헌신했습니다**. 새로운 **상품들**은 **호환되지** 않아 혼란을 일으켰고, 방문객들은 좋지 않은 **의견**을 남겼습니다. 너티와 그의 동료들은 손실을 **보상하려** 했지만, 상황은 계속 어려웠습니다. 그들은 끝까지 노력하며 헌신했습니다.

After the storm, the gallery **collapsed**. Nutty and his **colleagues** worked to solve the problem. However, a new issue arose when the gallery **coincided** with another event. It was difficult to understand customer needs and keep everything **coherent**. Nutty and his colleagues decided to **commence** rebuilding the gallery and **committed** to working hard. The new **commodities** were not **compatible** and caused confusion, and visitors made negative **comments**. Nutty and his colleagues tried to **compensate** for the losses, but the situation remained challenging. They continued to work hard and stay dedicated.

Co-
함께, 서로, 공통으로

'함께, 같이'를 뜻하는 라틴어 'com-'에서 유래했다. 17세기에 영어에 들어와 '함께, 서로, 공통으로'라는 뜻을 나타내는 말로 쓰이기 시작했다.

Coherent co(함께) + haerere(들러붙다) = adj 일관성 있는

Coincide co(함께) + incidere(떨어지다) = v 동시에 일어나다

Collapse co(함께) + labor(떨어지다, 미끄러지다) = v 무너지다, n 붕괴

Colleague co(함께) + legare(뽑다) = n 동료

Commence co(함께) + initiare(시작하다) = v 시작하다

Comment co(함께) + memoror(기억하다) = v 논평하다, n 논평

Commit co(함께) + mittere(보내다, 던지다) = v 저지르다

Commodity co(함께) + modus(측정, 방식) = n 상품

Compatible co(함께) + patior(고통받다, 당하다) = adj 호환되는

Compensate co(함께) + pensare(무게를 달다, 갚다) = v 보상하다

REVIEW TEST

- His story was clear and coherent
  그의 이야기는 명확하고 일관성이 있었다.

- The events coincide with each other.
  그 사건들은 서로 일치한다.

- The building collapse due to an earthquake.
  지진으로 인해 건물이 붕괴되었다.

- My colleague and I work on the same project.
  나의 동료와 나는 같은 프로젝트에서 일한다.

- The meeting will commence at 10 a.m.
  회의는 오전 10시에 시작할 것이다.

- She made a helpful comment during the discussion.
  그녀는 토론 중에 유익한 의견을 제시했다.

- He is very commit to his job.
  그는 자신의 일에 매우 헌신적이다.

- Oil is an important commodity
  석유는 중요한 상품이다.

- These two devices are compatible with each other.
  이 두 장치는 서로 호환된다.

- She tried to compensate for her mistake.
  그녀는 자신의 실수를 보상하려고 노력했다.

Co- ②

갤러리를 재건하는 동안, 너티와 그의 동료들은 다양한 **구성 요소**를 엮어서 **종합적인** 계획을 세우려 노력했습니다. 작업은 **복잡해졌고**, **혼합물**을 만들 때마다 새로운 문제들이 발생했습니다. 그들은 **동시에 진행되는** 모든 작업을 처리하기 위해 **집중해야** 했습니다. 너티는 여러번 **계산을 했고 결론을 내렸습니다**. 갤러리를 재건하는 것은 예상보다 더 어려웠습니다. 하지만 너티와 그의 동료들은 포기하지 않고, 새로운 아이디어를 **생각해내어** 문제를 해결하려 했습니다.

While rebuilding the gallery, Nutty and his colleagues tried to **compile** various **components** into a **comprehensive** plan. The work became **complex**, and new problems arose with each **compound** they made. They had to **concentrate** to handle all **concurrent** tasks. Nutty **computed** many times and **conclude**d that rebuilding the gallery was harder than expected. However, Nutty and his colleagues did not give up and **conceived** new ideas to solve the problems.

Co-

함께, 서로, 공통으로

'함께, 같이'를 뜻하는 라틴어 'com-'에서 유래했다. 17세기에 영어에 들어와 '함께, 서로, 공통으로'라는 뜻을 나타내는 말로 쓰이기 시작했다.

Compile　　　　　　com(함께) + pilare(압축하다) = **v** 엮다, 편집하다

Complex　　　　　　com(함께) + plectere(엮다) = **adj** 복잡한, **n** 복합 건물

Component　　　　　com(함께) + ponere(놓다) = **n** 구성 요소

Compound　　　　　com(함께) + ponere(놓다) = **n** 혼합물, **adj** 혼합의,
　　　　　　　　　　　　v 구성되다

Comprehensive　　　com(완전히) + prehendere(붙잡다) = **adj** 포괄적인

Compute　　　　　　com(함께) + putare(세다) = **v** 계산하다

Conceive　　　　　　con(함께) + capere(잡다) = **v** 생각을 품다, 상상하다

Concentrate　　　　　com(함께) + centrum(중심) = **v** 집중하다

Conclude　　　　　　con(함께) + claudere(닫다) = **v** 결론짓다

Concurrent　　　　　con(함께) + currere(달리다) = **adj** 동시에 발생하는

REVIEW TEST

- We need to _compile_ the data into a report.
  우리는 데이터를 보고서로 편집해야 한다.

- This math problem is quite _complex_ .
  이 수학 문제는 꽤 복잡하다.

- Each _component_ of the machine is important.
  기계의 각 구성 요소는 중요하다.

- Salt is a _compound_ of sodium and chlorine.
  소금은 나트륨과 염소의 화합물이다.

- The book provides a _comprehensive_ overview of the topic.
  그 책은 주제에 대한 종합적인 개요를 제공한다.

- The computer can _compute_ the results quickly.
  컴퓨터는 결과를 빠르게 계산할 수 있다.

- I can't _conceive_ how big the universe is.
  나는 우주가 얼마나 큰지 상상할 수 없다.

- You need to _concentrate_ to finish your homework.
  너는 숙제를 끝내기 위해 집중해야 한다.

- We can conclude that he is telling the truth.
  우리는 그가 진실을 말하고 있다고 결론지을 수 있다.

- There were three concurrent events at the park.
  공원에서 동시에 진행되는 세 개의 행사가 있었다.

Co- ③

너티와 그의 동료들은 갤러리를 재건하는 동안 많은 어려움을 겪었습니다. 그들은 다양한 문제들을 해결하기 위해 최선을 다했습니다. 너티는 작업을 **수행했습니다**. 그리고 동료들에게 중요한 역할을 **부여했습니다**. 그들은 문제를 해결하기 위해 **제한된** 자원 안에서 작업해야 했습니다. 너티는 모든 진행 상황을 신중하게 **확인했습니다**. 그러나 **갈등**이 발생했고, 일부 동료들은 새로운 규칙에 **따르기** 어려워했습니다. 하지만 결국 모두 **동의했고** 협력했습니다. 그에 따른 결과로 **상당한** 성과를 이루었습니다. 갤러리는 여러 요소로 **구성되어** 있었습니다. 그리고, 이제 더 강하고 안정된 상태로 재건되었습니다.

Nutty and his colleagues faced many difficulties while rebuilding the gallery. They did their best to solve various issues. Nutty **conducted** the work and **conferred** important roles to his colleagues. They had to work within **confined** resources to solve the problems. Nutty **confirmed** all progress carefully. However, **conflicts** arose, and some colleagues found it hard to **conform** to the new rules. But eventually, everyone **consented** and worked together. As a **consequent** result, they achieved **considerable** success. The gallery **consisted** of many components and was now rebuilt stronger and more stable.

Co-

함께, 서로, 공통으로

'함께, 같이'를 뜻하는 라틴어 'com-'에서 유래했다. 17세기에 영어에 들어와 '함께, 서로, 공통으로'라는 뜻을 나타내는 말로 쓰이기 시작했다.

Conduct　　con(함께) + ducere(이끌다) = **v** 수행하다

Confer　　con(함께) + ferre(들다) = **v** 상의하다, 수여하다, 부여하다

Confine　　con(함께) + finis(끝) = **v** 가두다, 제한하다

Confirm　　con(함께) + firmare(강화하다) = **v** 확인하다

Conflict　　con(함께) + fligere(때리다) = **n** 갈등

Conform　　con(함께) + formare(형성하다) = **v** 따르다

Consent　　con(함께) + sentire(느끼다) = **v** 동의하다

Consequent　　con(함께) + sequi(뒤따르다) = **adj** 결과로서 일어나는

Considerable　　con(함께) + sidus(별) = **adj** 상당한

Consist　　con(함께) + sistere(놓다) = **v** 구성되다

REVIEW TEST

- The manager will conduct a performance review next week.
  관리자가 다음 주에 업무 평가를 수행할 것이다.

- The school will confer a prize on the best student.
  학교가 최우수 학생에게 상을 수여할 것이다.

- Please do not confine your dog to a small cage.
  개를 작은 우리에 가두지 마세요.

- The test results will confirm our hypothesis.
  테스트 결과는 우리의 가설을 확인할 것이다.

- There was a conflict between the two groups.
  두 그룹 간에 갈등이 있었다.

- Employees must conform to the company's rules.
  직원들은 회사 규정을 따라야 한다.

- You must consent before we share your information.
  우리가 당신의 정보를 공유하기 전에 당신이 동의해야 합니다.

- The consequent result of his actions was surprising.
  그의 행동에 따른 결과는 놀라웠다

- We spent a considerable amount of time on the project.
  우리는 그 프로젝트에 상당한 시간을 보냈다.

- Water consist of hydrogen and oxygen.
  물은 수소와 산소로 구성되어 있다.

Co- ④

너티와 동료들은 갤러리를 유지하기 위해 끊임없는 노력을 기울였습니다. 그들은 갤러리의 주요 요소를 구성했고, 제한된 자원으로 건설 작업을 진행했습니다. 문제를 해결하기 위해 전문가와 상의했고, 자원을 효율적으로 소비했습니다. 너티는 필요한 경우 외부와 연락했고 현대적인 기술을 도입했습니다. 모든 작업은 맥락을 고려하여 계획되었고, 계약을 통해 협력업체와 협력했습니다. 결국, 갤러리는 현대적인 모습으로 재건되었고, 너티와 동료들은 그 성과를 자랑스러워했습니다.

Nutty and his colleagues put in constant effort to maintain the gallery. They constituted the main elements of the gallery and proceeded with construction work within constrained resources. They consulted experts to solve problems and consumed resources efficiently. Nutty contacted external parties when necessary and introduced contemporary technology. All work was planned considering the context, and they collaborated with partners through contracts.

Co-   함께, 서로, 공통으로

'함께, 같이'를 뜻하는 라틴어 'com-'에서 유래했다. 17세기에 영어에 들어와 '함께, 서로, 공통으로'라는 뜻을 나타내는 말로 쓰이기 시작했다.

Constant con(함께) + stare(서다) = adj 끊임없는, 변함없는

Constitute con(함께) + statuere(세우다) = v 구성하다

Constrain con(함께) + stringere(죄다) = v 제한하다, 강요하다

Construct con(함께) + struere(배열하다) = v 건설하다

Consult con(함께) + selere(잡다) = v 상담하다

Consume con(함께) + sumere(취하다) = v 소비하다

Contact con(함께) + tactus(접촉) = v 연락하다

Contemporary con(함께) + tempus(시간) = adj 동시대의

Context con(함께) + texere(짜다) = n 맥락

Contract con(함께) + trahere(당기다) = n 계약

REVIEW TEST

- He has been a _constant_ friend for many years.
  그는 여러 해 동안 변함없는 친구였다.

- The committee will _constitute_ ten members.
  위원회는 열 명의 회원으로 구성된다.

- We should not _constrain_ the students' creativity.
  우리는 학생들의 창의성을 제한해서는 안 된다.

- They plan to _construct_ a new building next year.
  그들은 내년에 새로운 건물을 건설할 계획이다.

- She will _consult_ with a lawyer about the contract.
  그녀는 계약에 대해 변호사와 상의할 것이다.

- People _consume_ a lot of energy every day.
  사람들은 매일 많은 에너지를 소비한다.

- You can _contact_ me by email if you have any questions.
  질문이 있으면 이메일로 연락할 수 있다.

- This painting is by a _contemporary_ artist.
  이 그림은 현대 화가의 작품이다.

- The meaning of a word depends on its context

  단어의 의미는 그 문맥에 따라 달라진다.

- They signed a contract for the new job.

  그들은 새 일자리에 대한 계약을 체결했다.

Co- ⑤

너티와 그의 동료들은 갤러리를 재건하기 위해 계속 노력했습니다. 그들은 문제를 논의하고 해결책을 찾기 위해 **위원회**를 **소집했습니다**. 위원회는 다양한 의견을 수렴하고 실행 가능한 계획을 **조율했습니다**. 너티는 모든 동료들이 자신의 역할을 명확히 이해하도록 하기 위해 **대화를 나눴습니다**. 그들은 자원을 더 효율적으로 활용하기 위해 **전환하**기로 결정했습니다. 너티는 모두가 계획에 동의하도록 **설득했고**, 계획이 잘 실행되도록 조율했습니다. 갤러리를 재건하는 동안, 그들은 진행 상황을 공유하기 위해 서로 **소통했습니다**. 너티는 계획이 진행 상황과 **일치하는**지 확인하고 모두가 **협력하**도록 보장했습니다. 결국, 그들의 노력은 갤러리를 더 강하고 안정적으로 만드는 데 **기여했습니다**.

Nutty and his colleagues continued to work hard to rebuild the gallery. They **convened** a **commission** to discuss the issues and find solutions. The commission gathered various opinions and **coordinated** a feasible plan. Nutty **conversed** with his colleagues to ensure everyone understood their roles. They decided to **convert** resources for more effective use. Nutty **convinced** everyone to agree on the plan and coordinated its execution. While rebuilding the gallery, they **communicated** with each other to share progress. Nutty checked that the plan **corresponded** with their progress and ensured everyone **cooperated**. Eventually, their efforts **contributed** to making the gallery stronger and more stable.

Co-

함께, 서로, 공통으로

'함께, 같이'를 뜻하는 라틴어 'com-'에서 유래했다. 17세기에 영어에 들어와 '함께, 서로, 공통으로'라는 뜻을 나타내는 말로 쓰이기 시작했다.

Contribute   con(함께) + tribuere(할당하다) = **v** 기여하다

Convene   con(함께) + venire(오다) = **v** 소집하다

Converse   con(함께) + vertere(돌다) = **v** 대화하다

Convert   con(함께) + vertere(돌다) = **v** 전환시키다, 개조하다

Convince   con(함께) + vincere(정복하다) = **v** 납득시키다, 설득하다

Cooperate   con(함께) + operari(일하다) = **v** 협력하다

Coordinate   con(함께) + ordinatio(배열) = **v** 조율하다, 조정하다

Correspond   con(함께) + respondere(응답하다) = **v** 일치하다

Commission   con(함께) + mittere(보내다) = **v** 위원회

Communicate   commun(공동의) + icare = **v** 의사소통하다

REVIEW TEST

- Everyone should _contribute_ to the team project.
모든 사람이 팀 프로젝트에 기여해야 한다.

- The manager will _convene_ a meeting tomorrow.
매니저가 내일 회의를 소집할 것이다.

- They like to _converse_ about books and movies.
그들은 책과 영화에 대해 대화하는 것을 좋아한다.

- The machine can _convert_ water into steam.
그 기계는 물을 증기로 변환할 수 있다.

- He tried to _convince_ me to join the club.
그는 나를 클럽에 가입하도록 설득하려고 했다.

- We need to _cooperate_ to finish the project.
우리는 프로젝트를 끝내기 위해 협력해야 한다.

- We need someone to _coordinate_ the schedules of all
participants.
모든 참가자들의 일정을 조율할 사람이 필요하다.

- Their statements _correspond_ with each other.
  그들의 진술은 서로 일치한다.

- The _commission_ will be responsible for the project.
  위원회는 그 프로젝트를 책임질 것이다.

- They need to _communicate_ more effectively.
  그들은 더 효과적으로 소통해야 한다.

Co- ⑥

너티와 그의 동료들은 갤러리를 재건하는 동안, 주변의 공동체가 큰 힘이 되었습니다. 그들은 공동체의 도움을 받아 부족한 자원을 보완했습니다. 갤러리는 이제 다양한 예술 작품들로 구성되어 있었습니다. 너티는 갤러리의 재건이 단순한 건축이 아닌, 공동체의 협력과 보완의 개념이라는 것을 깨달았습니다.

Nutty and his colleagues found great support from the surrounding community while rebuilding the gallery. They complemented the lacking resources with the community's help. The gallery now comprised various art pieces. Nutty realized that the reconstruction of the gallery was not just about building, but about the concept of community cooperation and complementing each other.

Co- 함께, 서로, 공통으로

'함께, 같이'를 뜻하는 라틴어 'com-'에서 유래했다. 17세기에 영어에 들어와 '함께, 서로, 공통으로'라는 뜻을 나타내는 말로 쓰이기 시작했다.

Community   communis(공통적) = **n** 지역 사회, 공동체

Complement   com(함께) + plere(채우다) = **v** 보완하다, **n** 보완물

Comprise   com(함께) + prehendere(붙잡다) = **v** 구성되다, 포함하다

Concept   con(함께) + capere(잡다) = **n** 개념

REVIEW TEST

- The community helped clean up the park.
  그 공동체는 공원을 청소하는 데 도움을 주었다.

- This color will complement your outfit.
  이 색깔은 너의 옷을 보완할 것이다.

- The class comprise of ten students.
  그 반은 열 명의 학생으로 구성되어 있다.

- The concept of freedom is important in our country.
  자유의 개념은 우리 나라에서 중요하다.

Cor- (heart)

갤러리가 재건되던 중, 너티는 믿었던 뱀친구 슬리크에게 배신당했습니다. 슬리크는 "나를 믿어, 나는 너를 배신하지 않아"라는 말을 남기고 갤러리의 **핵심** 자원을 훔치고, **신뢰**를 훼손했습니다. 너티는 친구를 믿는다는 자신의 신조가 흔들리는 것을 느꼈습니다. 하지만 그는 포기하지 않고 다른 동료들과 함께 갤러리를 다시 일으켜 세우기로 결심했습니다.

During the gallery's reconstruction, Nutty was betrayed by his trusted friend, Sleek the snake. Sleek said, "Trust me, I won't betray you," and then stole **core** resources and damaged the gallery's **credit**. Nutty felt his credo of trusting friends shaken. However, he decided not to give up and resolved to rebuild the gallery with the help of his other colleagues.

Cor- (heart)

심장, 마음, 가운데

인도유럽조어로 '심장'을 뜻하는 말이다. 실제 인간의 심장과 관련된 것들을 가리키기도 하고, '마음'이나 추상적 '가운데'를 뜻하기도 한다.

Core cor(심장) = **n** 중심, **adj** 핵심인

Credit credere(믿다) = **n** 신뢰, 신용, 융자, **v** 입금하다

REVIEW TEST

- The _core_ of the earth is very hot.
  지구의 중심은 매우 뜨겁다.

- She got _credit_ for her good grades.
  그녀는 좋은 성적으로 신용을 얻었다.

Contra-

갤러리를 재건하면서 너티는 뱀친구 슬리크 때문에 또다시 힘들어졌습니다. 너티는 자신의 고민을 다른 친구에게 상담했습니다. 너티는 여전히 슬리크를 믿고 싶었지만, 친구는 "슬리크의 말과 행동이 모순된다"며 경고했습니다. 너티의 낙관적인 태도와 친구의 비관적인 충고가 대조를 이루었습니다. 친구는 너티에게 슬리크의 행동이 반대의 결과를 초래할 것이라고 했습니다. 그들의 의견 차이는 큰 논란을 불러일으켰고, 너티는 다시 한번 어려움을 겪게 되었습니다.

While rebuilding the gallery, Nutty struggled again because of Sleek. Nutty confided in another friend about his concerns. Nutty still wanted to trust Sleek, but his friend warned, "Sleek's words and actions **contradict** each other." Nutty's optimistic attitude **contrasted** with his friend's pessimistic advice. His friend told Nutty that Sleek's actions would lead to **contrary** results. Their difference in opinions led to a major **controversy**, causing Nutty to face difficulties once more.

Contra-

반대로, 대항하여

'반대로, 대항하여'를 뜻하는 라틴어 전치사에서 유래했다. 영어 단어 'counter'이 여기에서 나왔다.

Contradict   contra(반대로) + dicere(말하다) = **v** 반박하다, 모순되다

Contrary   contrarius(반대편의) = **adj** 반대의

Contrast   contra(반대로) + stare(서다) = **v** 대조하다 **n** 차이, 대조

Controversy   contra(반대로) + vertere(돌리다) = **n** 논란

REVIEW TEST

▪ Your actions contradict your words.
너의 행동은 너의 말과 모순된다.

▪ Contrary to popular belief, not all cats hate water.
대중의 믿음과는 반대로 모든 고양이가 물을 싫어하는 것은 아니다.

▪ She decided to contrast the bright colors with darker shades.
그녀는 밝은 색상을 어두운 색조와 대조하기로 했다.

▪ There was a big controversy over the new law.
새로운 법에 대한 큰 논쟁이 있었다.

De- ❶

너티는 슬리크와의 상황 때문에 계속해서 힘들어했습니다. 그는 자신의 고민을 다른 친구들과 토론했습니다. 그러나 문제는 줄어들지 않았습니다. 슬리크의 행동으로 인해 갤러리의 인기는 감소했습니다. 너티는 슬리크의 행동을 분석하고 추론하려 했지만 명확한 해답을 찾을 수 없었습니다. 친구들은 슬리크의 진짜 의도를 보여주며 설명하려 했지만, 너티는 여전히 그것을 부인했습니다. 이 모든 일은 너티를 더욱 우울하게 만들었고, 그의 열정은 줄어들기 시작했습니다. 너티는 갤러리에 관한 모든 것이 슬리크의 의도에서 유래되었음을 깨달았습니다. 그는 갤러리의 목적을 정의하려 했지만, 상황은 쉽게 해결되지 않았습니다. 슬리크의 행동은 결국 너티에게 배신을 나타냈습니다.

Nutty continued to struggle because of the situation with Sleek. He debated his concerns with other friends, but the problems did not diminish. The gallery's popularity declined due to Sleek's actions. Nutty tried to analyze and deduce Sleek's behavior but found no definite answers. His friends tried to demonstrate Sleek's true intentions, but Nutty still denied it. All these events depressed Nutty and his enthusiasm began to decline. Nutty realized that everything about the gallery derived from Sleek's intentions. He tried to define the gallery's purpose, but the situation was not easily resolved. Sleek's actions ultimately denoted betrayal to Nutty.

De-

아래로, ~에서부터, ~에서, ~에 대한

라틴어 'de 아래로, ~에서부터, ~에서, ~에 대한'에서 유래했다. 때로는 '바닥까지, 완전히'를 뜻하기도 한다.

Debate
de(완전히) + battuere(치다) = **v** 토론하다, 논쟁하다

Decline
de(아래로) + clinare(구부리다) = **v** 감소하다, 거절하다

Deduce
de(완전히) + deuk(이끌다) = **v** 추론하다

Define
de(완전히) + finire(한정하다) = **v** 정의하다, 규정하다

Definite
definire(경계를 정하다) + itus(완료분사형) = **adj** 명확한

Demonstrate
de(완전히) + monstrare(보여주다) = **v** 입증하다, 설명하다

Denote
de(완전히) + notare(표시하다) = **v** 나타내다, 의미하다

Deny
de(떨어져) + negare(아니오라고 말하다) = **v** 부인하다, 거절하다

Depress
de(아래로) + premere(누르다) = **v** 우울하게 만들다, 침체시키다

Derive
de(에서) + rivare(끌어 흐르게 하다) = **v** 유래하다, 끌어내다

REVIEW TEST

- They had a _debate_ about the best solution.
  그들은 최선의 해결책에 대해 토론했다.

- The fish in the lake _decline_ in number every year.
  그 호수의 물고기는 매년 수가 감소한다.

- From his expression, we can _deduce_ that he is happy.
  그의 표정으로부터 우리는 그가 행복하다는 것을 추론할 수 있다.

- Can you _define_ what this word means?
  이 단어의 의미를 정의할 수 있니?

- She gave me a _definite_ answer.
  그녀는 나에게 명확한 대답을 해주었다.

- The teacher will _demonstrate_ how to solve the problem.
  선생님은 문제를 해결하는 방법을 시연할 것이다.

- The red light _denote_ stop.
  빨간 불은 정지를 의미한다.

- You can't _deny_ the truth.
  너는 진실을 부정할 수 없다.

- Rainy weather can _depress_ some people.
  비오는 날씨는 일부 사람들을 우울하게 만들 수 있다.

- This word _derive_ from Latin.
  이 단어는 라틴어에서 파생되었다.

De- ②

너티는 갤러리를 재건하려고 애썼지만, 문제는 계속해서 생겼습니다. 그와 그의 친구들이 새로운 레이아웃을 디자인했지만, 문제는 여전히 남아 있었습니다. 슬리크의 행동에도 불구하고 너티는 갤러리에 모든 시간을 바쳤습니다. 그러나 방문객 수는 계속 줄어들었습니다. 너티는 문제의 원인을 탐지하려 했지만, 명확한 해답을 찾지 못했습니다. 너티는 슬리크의 배신에서 벗어나려고 했지만, 상황은 여전히 어려웠습니다. 너티는 갤러리를 더 나아지게 하기 위해 최선을 다했습니다.

Nutty struggled to rebuild the gallery, but problems kept arising. He and his friends **designed** a new layout, but issues still remained. **Despite** Sleek's actions, Nutty **devoted** all his time to the gallery. However, the number of visitors continued to diminish. Nutty tried to **detect** the root of the problem but found no clear answers. He attempted to **deviate** from Sleek's betrayal, yet the situation was still challenging. Nutty did his best to improve the gallery.

De-

아래로, ~에서부터, ~에서, ~에 대한

라틴어 'de 아래로, ~에서부터, ~에서, ~에 대한'에서 유래했다. 때로는 '바닥까지, 완전히'를 뜻하기도 한다.

Design de(밖으로) + signare(표시하다) = **v** 설계하다, **n** 설계

Despite de(아래로) + specere(보다) = **prep** ~에도 불구하고

Detect de(떨어져) + tegere(덮다) = **v** 발견하다, 알아내다

Deviate de(벗어나) + via(길) = **v** 벗어나다

Devote de(아래로) + vovere(서약하다) = **v** 바치다

Diminish de(완전히) + minuere(작게 만들다) = **v** 줄어들다

REVIEW TEST

- She will _design_ a new dress.
  그녀는 새로운 드레스를 디자인할 것이다.

- _despite_ the rain, we still went to the park.
  비에도 불구하고, 우리는 여전히 공원에 갔다

- The scientist will _detect_ the problem.
  과학자는 그 문제를 감지할 것이다.

- Do not _deviate_ from the path.
  길에서 벗어나지 마세요.

- He decided to _devote_ his life to helping others.
  그는 다른 사람들을 돕는 데 자신의 삶을 바치기로 결정했다.

- The number of apples will _diminish_ if we keep eating them.
  사과를 계속 먹으면 사과의 수가 줄어들 것이다.

Dis- ❶

너티는 계속해서 문제를 해결하려고 애썼지만, 어느 날 깨달았습니다. 문제의 원인은 슬리크의 배신이 아니라 그의 자만심에 있었습니다. 성공에 취해 너티는 갤러리를 신중하게 관리하지 못했습니다. 그는 여러 차원에서 분석하지 않았습니다. 방문객을 유치하기 위해 새로운 장치를 설치했지만 효과가 없었습니다. 갤러리를 차별화하지 못하고 독특한 차이를 만들어내지 못해 방문객 수는 감소했습니다. 그는 기존의 방식을 버리고 새로운 방법을 도입해야 했습니다. 너티는 자신의 실패를 인정하고 친구들과 토론을 시작했습니다. 그들은 작업을 나누고, 개별 구성 요소에 집중하기로 결정했습니다. 너티는 더 효과적으로 작품을 전시하고, 이전의 습관을 버려야 한다는 것을 깨달았습니다.

Nutty continued to struggle with the problems but had a realization one day. The issue was not Sleek's betrayal but his own arrogance due to success. Enamored with his achievements, Nutty had not been careful in managing the gallery. He had not analyzed tasks from different **dimensions**. He installed new **devices** to attract visitors, but they were ineffective. Nutty failed to create **distinct differences** and **differentiate** his gallery, leading to a decline in visitors. He had to **dispose** of old ways and introduce new methods. Nutty acknowledged his failures and began to debate with his friends on how to redesign the gallery. They decided to **divide** tasks and focus on **discrete** components. Nutty realized he needed to **display** the art more effectively and **displace** his old habits.

Dis-

떨어져, 분리되어

인도유럽조어 'dis- 떨어져, 분리되어'에서 유래했다. 'Dis-'는 크게 보아 세 가지 의미를 나타낸다. 첫째, '~가 없는, 아닌.' 둘째, '반대.' 셋째, '떨어져, 멀리.' 때로 'de-'나 'di-'로 형태가 변하기도 한다.

Device   dis(떨어져) + videre(분리하다) = **n** 장치, 기구

Divide   dis(떨어져) + videre(분리하다) = **v** 나누다, **n** 차이점

Differentiate   dis(떨어져) + ferre(운반하다) = **v** 구별하다, 구분 짓다

Difference   dis(떨어져) + ferre(운반하다) = **n** 차이, 다름

Dimension   dis(밖으로) + metiri(측정하다) = **n** 크기, 치수, 규모, 차원

Discrete   dis(떨어져) + cernere(추리다) = **adj** 별개의

Displace   dis(떨어져) + placer(놓다) = **v** 대신하다, 대체하다, 옮겨 놓다

Display   dis(반대의) + plicare(접다) = **v** 전시하다, 진열하다, 드러내다

Dispose   dis(떨어져) + ponere(놓다) = **v** 배치하다, (어떤 경향을) 갖게 하다

Distinct   dis(떨어져) + stinguere(찌르다) = **adj** 뚜렷한, 분명한, 별개의, 독특한

REVIEW TEST

- This device is very useful.
  이 장치는 매우 유용하다.

- We need to divide the cake into eight pieces.
  우리는 케이크를 여덟 조각으로 나누어야 한다.

- You must differentiate between right and wrong.
  너는 옳고 그름을 구별해야 한다.

- Can you see the difference between the two pictures?
  두 그림 사이의 차이점을 볼 수 있니?

- The box has three dimension length, width, and height.
  상자는 길이, 너비, 높이 세 가지 차원을 가지고 있다.

- The data is shown as discrete points on the graph.
  데이터는 그래프에 개별적인 점들로 표시되어 있다.

- The flood will displace many families from their homes
  홍수는 많은 가족들을 집에서 떠나게 할 것이다.

- They will display their work at the fair.
  그들은 박람회에서 그들의 작품을 전시할 것이다.

- Please _dispose_ of the trash properly.

  쓰레기를 적절히 처리하세요.

- Each dog has a _distinct_ bark.

  각 개는 독특한 짖는 소리를 가지고 있다.

Dis- ❷

너티는 갤러리를 재설계하는 동안 새로운 시도를 하기로 결심했습니다. 그는 새로운 작품을 배포하고 방문객들에게 더 잘 보이도록 전시했습니다. 그러나 새로운 방법을 시도하는 것은 너티에게 큰 긴장을 주었습니다. 그는 자신의 노력이 왜곡되거나 잘못 이해될까 봐 두려웠습니다. 너티는 모든 방문객을 공정하게 대하려고 노력했지만, 때때로 그것이 차별하려는 시도로 오해받곤 했습니다. 이러한 어려움에도 불구하고, 그는 최선을 다해 갤러리를 개선하려고 했습니다.

Nutty decided to try something new while redesigning the gallery. He distributed new pieces and displayed them more prominently for visitors to see. However, trying new methods caused Nutty a lot of stress. He feared his efforts might be distorted or misunderstood. Nutty tried to treat all visitors fairly, but sometimes it was mistaken as an attempt to discriminate. Despite these challenges, he worked hard to improve the gallery.

Dis-

떨어져, 분리되어

인도유럽조어 'dis- 떨어져, 분리되어'에서 유래했다. 'Dis-'는 크게 보아 세 가지 의미를 나타낸다. 첫째, '~가 없는, 아닌.' 둘째, '반대.' 셋째, '떨어져, 멀리.' 때로 'de-'나 'di-'로 형태가 변하기도 한다.

Distort
dis(완전히) + torquere(비틀다) = **v** 비틀다, 왜곡하다

Distribute
dis(개별적으로) + tribuere(지불하다) = **v** 나누어주다, 유통시키다

Discriminate
dis(떨어져) + cernere(구별하다) = **v** 구별하다, 차별하다

(Dis)Stress
dis(떨어져) + stringere(꽉 조이다) = **n** 압박, 긴장, **v** 강세를 두다
형성과정에서 'dis'는 형태상 보이지 않게 됨

REVIEW TEST

- The mirror will _distort_ your reflection.
  거울이 당신의 모습을 왜곡해서 비출 것입니다.

- We will _distribute_ the flyers to everyone.
  우리는 모든 사람들에게 전단지를 배포할 것이다.

- It's wrong to _discriminate_ against people because of their race.
  인종 때문에 사람들을 차별하는 것은 잘못된 것이다.

- When you have too much homework, it can cause _stress_ .
  숙제가 너무 많으면 스트레스를 유발할 수 있다.

Dem-

너티의 새로운 시도는 결국 성공을 거두기 시작했습니다. 그의 갤러리는 큰 국내 인기를 얻어 많은 방문객을 끌어모았습니다. 너티의 작품들은 다시금 사람들의 마음을 사로잡았고, 그는 갤러리 운영을 장악하기 시작했습니다. 예술의 영역에서 그의 갤러리는 독보적인 위치를 차지하게 되었습니다. 너티는 방문객들이 갤러리를 즐기고, 예술을 감상하는 모습을 보며 큰 기쁨을 느꼈습니다. 이제 그의 갤러리는 다시금 활기를 띠고 있었습니다.

Nutty's new attempts began to succeed. His gallery gained great **domestic** popularity, attracting many visitors. Nutty's artworks captivated people's hearts again, and he found himself starting to **dominate** the gallery's operations. In the **domain** of art, his gallery took a unique position. Nutty felt immense joy seeing visitors enjoy the gallery and appreciate the art. Now, his gallery was bustling with life once more.

Dem-

집, 가정

'집, 가정'을 뜻하는 인도유럽조어에서 유래했다. 'dome 돔, 반구형 건축물'이나 인터넷 용어로 우리가 흔히 쓰는 'domain 도메인'등이 모두 이 말에서 파생했다.

Domain dominium(소유) = **n** 특정 통치자나 정부에 의해 소유되거나 통제되는 지역, 영역

Domestic domus(집) + icus(형용사형 어미) = **adj** 국내의, 가정의

Dominate dominari(주인노릇하다) = **v** 지배하다, 군림하다

REVIEW TEST

- This website is in the education domain .
  이 웹사이트는 교육 분야에 속한다.

- She prefers domestic travel over international trips.
  그녀는 해외 여행보다 국내 여행을 더 선호한다.

- Large companies often dominate the market.
  대기업들은 종종 시장을 지배한다.

En- (in)

갤러리의 성공으로 너티는 새로운 깨달음을 얻게 되었습니다. 그는 자연 **환경**을 보호하는 것의 중요성을 깨닫기 시작했습니다. 어느 날, 너티는 한 환경운동가를 **만나** 그의 **경험적인** 조언을 듣게 되었습니다. 이 만남은 너티에게 큰 **에너지**를 주었고, 그리고 그는 갤러리 운영에서 환경 보호에 **중점**을 두기로 결정했습니다. 그는 갤러리를 자연 친화적인 공간으로 바꾸기 시작했습니다. 너티는 방문객들에게 자연을 보호하는 방법을 알리고, 환경 보호를 위한 활동을 장려했습니다. 갤러리는 이제 예술과 자연이 공존하는 특별한 장소가 되었습니다.

With the success of the gallery, Nutty gained a new realization. He began to understand the importance of protecting the natural **environment**. One day, Nutty **encountered** an environmental activist and listened to his **empirical** advice. This meeting gave Nutty a lot of **energy**, and he decided to place an **emphasis** on environmental protection in the gallery's operations. He started transforming the gallery into an eco-friendly space. Nutty educated visitors on ways to protect nature and encouraged activities for environmental conservation. The gallery became a special place where art and nature coexisted.

En- (in)　　~안에

인도유럽조어 'en 안에'에서 유래했다. 이 말이 그리스어에 들어와 '~안에'를 뜻하는 전치사와 접두사로 쓰였고, 프랑스어에서도 '~안에'를 뜻하는 접두사로 쓰이고 있다.

Emphasis

en(안에) + phainein(보여주다) = **n** 강조, 역점, 강조법

Empirical

en(안에) + peirao(시도하다, 경험하다) = **adj** 경험에 의거한, 실증적인

Encounter

en(안에) + contra(맞은편에, 반대로) = **v** 맞닥뜨리다, 부딪히다 / **n** 만남, 접촉

Energy

en(안에) + ergon(작업, 업무) = **n** 활기, 기운, 에너지, 자원

Environment

en(안에) + virer(돌리다) + -ment(명사형 접미사) = **n** 환경

REVIEW TEST

- The teacher placed _emphasis_ on the importance of reading.
  선생님은 독서의 중요성을 강조했다.

- This theory is based on _empirical_ evidence.
  이 이론은 경험적 증거에 기반을 두고 있다.

- We had an unexpected _encounter_ with a bear during our hike.
  우리는 하이킹 도중 곰과 뜻밖의 만남을 가졌다.

- The sun gives us _energy_ and warmth.
  태양은 우리에게 에너지와 따뜻함을 준다.

- Plants grow well in a healthy _environment_ .
  식물은 건강한 환경에서 잘 자란다.

En- (make, put in)

너티는 환경 보호를 위해 더 많은 활동을 시작했습니다. 그는 숲 속 친구들에게 재활용과 에너지 절약을 가능하게 하는 방법을 가르쳤습니다. 너티는 이 활동들을 제대로 시행하기 위해 열심히 일했습니다. 또한, 환경 보호를 위한 기술을 향상시키기 위해 많은 연구를 했습니다. 너티는 모든 동물들이 깨끗한 환경에서 살아갈 수 있도록 보장하기 위해 열심히 일했습니다. 그의 노력 덕분에 숲은 더 깨끗하고 건강한 장소가 되었습니다.

Nutty began more activities to protect the environment. He taught his forest friends ways to **enable** recycling and energy saving. Nutty worked hard to **enforce** these activities properly. Additionally, he researched a lot to **enhance** the technologies for environmental protection. Nutty worked diligently to **ensure** that all animals could live in a clean environment. Thanks to his efforts, the forest became a cleaner and healthier place.

En- (make, put in)　　~안에 넣다

이 단어형성 요소는 앞서 보았던 'en-'과 뿌리는 같다. 그러나 '~안에 넣다'라는 뜻으로 사용되어 명사나 형용사를 동사로 바꾸는 역할을 한다.

Enable　　　en(안에 넣다) + able(가능한) = Ⅴ ~을 할 수 있게 하다, 가능하게 하다

Enforce　　　en(안에 넣다) + force(힘) = Ⅴ 강요하다, (법률 등을) 집행하다

Enhance　　　en(안에) + altiare(높게 만들다) = Ⅴ 향상시키다

Ensure　　　en(안에 넣다) + sure(확실한) = Ⅴ 보장하다

REVIEW TEST

- The key will _enable_ you to open the door.
  열쇠는 당신이 문을 열 수 있게 해줄 것이다.

- Teachers _enforce_ students to do their homework.
  선생님들은 학생들이 숙제를 하도록 강요한다.

- Good nutrition can _enhance_ your health.
  좋은 영양은 당신의 건강을 향상시킬 수 있다.

- To _ensure_ the quality, we used better materials.
  품질을 보장하기 위해 우리는 더 나은 재료를 사용했다.

Ex- ①

너티는 환경 보호 활동을 계속하며 숲 속의 변화들을 주의 깊게 관찰했습니다. 그는 작은 문제가 **발생할** 때마다 계획을 **수정했고**, 숲에서 쓰레기를 **제거했습니다.** 그러나 더 큰 문제가 나타났습니다. 강이 **침식되기** 시작하고, 나무들이 영향을 받는 것이 **분명해졌습니다.** 너티와 그의 친구들은 상황을 **평가했고 최종적인** 해결책을 찾기 위해 노력했습니다. 이러한 문제들을 해결하는 과정에서 너티는 환경 보호 활동이 **진화하고 있는** 중이라는 것을 깨달았습니다. 그의 노력은 **거대한** 변화를 가져왔고, 결국 숲은 더 건강하고 안전한 장소가 되었습니다. 그러나 그는 더 나은 환경을 위해 다른 지역으로도 이러한 변화를 **수출하**고 싶어졌습니다.

Nutty continued his environmental protection activities, carefully observing the changes in the forest. He **amended** plans whenever small issues **emerged** and **eliminated** trash from the forest. However, a larger problem surfaced. The river started to **erode**, and it became **evident** that the trees were being affected. Nutty and his friends **evaluated** the situation and worked hard to find an **eventual** solution. In solving these problems, Nutty realized that their environmental efforts were **evolving**. His efforts brought about **enormous** changes, and the forest became a healthier and safer place. However, he now wanted to **export** these positive changes to other areas for a better environment.

Ex-   밖으로, ~에서, ~로부터

'밖으로, ~에서, ~로부터'를 뜻하는 접두어. 라틴어 ex 에서 유래했다. 종종 e-로 축약되곤 한다.

Amend   a(밖으로) + mend(결함, 흠) = **v** (법 등을) 개정하다, 수정하다

Eliminate   e(밖으로) + limin(문턱) = **v** 제거하다, 없애다

Emerge   e(밖으로) + merge(잠기다) = **v** 나오다, 드러나다, 생기다

Enormous   e(밖으로) + norm(규칙, 표준) = **adj** 거대한

Erode   e(밖으로) + rodere(갉아먹다) = **v** 침식시키다, 약화시키다

Evaluate   e(밖으로) + val(가치 있다) = **v** 평가하다, 감정하다

Eventual   e(밖으로) + vent(오다) = **adj** 최종적인, 궁극적인

Evident   e(밖으로) + vid(보다) = **adj** 분명한, 눈에 띄는

Evolve   e(밖으로) + volv(굴리다) = **v** 발달하다, 진화하다

Export   ex(밖으로) + port(운반하다) = **v** 수출하다

REVIEW TEST

- We need to _amend_ the document before submission.
  우리는 제출하기 전에 문서를 수정해야 한다.

- The new policy aims to _eliminate_ all unnecessary steps.
  새 정책은 모든 불필요한 단계를 제거하는 것을 목표로 한다.

- After the storm, a rainbow began to _emerge_.
  폭풍이 지나간 후, 무지개가 나타나기 시작했다.

- The building has an _enormous_ size compared to others.
  그 건물은 다른 것들과 비교해 거대한 크기를 가지고 있다.

- Over time, the coastline will _erode_ due to the waves.
  시간이 지나면서 해안선은 파도로 인해 침식될 것이다.

- The teacher will _evaluate_ the students' projects next week.
  선생님은 다음 주에 학생들의 프로젝트를 평가할 것이다.

- The _eventual_ outcome of the game was a draw.
  그 게임의 최종 결과는 무승부였다.

- It was _evident_ that she was the best candidate for the job.
  그녀가 그 일에 가장 적합한 후보라는 것은 분명했다.

- Species must evolve to survive in changing environments.
  종들은 변화하는 환경에서 살아남기 위해 진화해야 한다.

- The country plans to export more goods to increase revenue.
  그 나라는 수익을 늘리기 위해 더 많은 상품을 수출할 계획이다.

Ex- ❷

너티와 그의 친구들은 환경 보호 활동을 계속하면서 점점 더 많은 **문제**에 직면했습니다. 일부 문제는 그들의 능력을 **초과했습니다.** 너티는 **전문가**를 초대해 도움을 받기로 했습니다. 전문가들은 **외부의** 지식을 활용하여 문제를 해결했습니다. 이 과정에서 너티는 일부 비효율적인 방법을 **제외하고**, 더 나은 방법을 찾기 위해 데이터를 **편집했습니다.** 그들은 나무와 식물에서 중요한 자원을 **추출하는** 법을 배웠습니다. 그러나 **착취하지** 않도록 주의했습니다. 그들은 문제들에 대해 **명확한** 정의들을 내렸고 해결책을 모색했습니다. 너티는 환경 보호의 중요성을 보여주고 인식을 확산시키기 위해 **전시회**를 조직했습니다. 이 전시회는 환경 보호 활동을 **확장하는** 데 큰 도움이 되었습니다. 그러나 새로운 문제들이 **노출되었고**, 이를 해결하기 위해 노력했습니다.

Nutty and his friends continued their environmental protection activities and faced more and more **issues**. Some issues **exceeded** their capabilities. Nutty decided to invite **experts** for help. The experts used **external** knowledge to solve the problems. During this process, Nutty **excluded** some inefficient methods and **edited** the data to find better solutions. They learned how to **extract** valuable resources from trees and plants but were careful not to **exploit** them. They gave **explicit** definitions of the issues and sought solutions. Nutty organized an **exhibit** to showcase the importance of environmental protection and spread awareness. This exhibit greatly helped **expand** their environmental efforts. However, new issues were **exposed**, and they worked hard to address them.

Ex-

밖으로, ~에서, ~로부터

'밖으로, ~에서, ~로부터'를 뜻하는 접두어. 라틴어 ex 에서 유래했다. 종종 e-로 축약되곤 한다.

Issue ex-(밖으로) + ire(가다) = **n** 쟁점, 사안 **v** 발표하다

Exceed ex(밖으로) + cedere(가다) = **v** 초과하다, 초월하다

Exclude ex(밖으로) + cludere(닫다) = **v** 제외하다, 차단하다

Exhibit ex(밖으로) + hibere(잡다) = **v** 전시하다, 보이다 **n** 전시품, 전시회

Expand ex(밖으로) + pandere(펴다) = **v** 확대하다, 팽창하다

Expert ex(밖으로) + periri(시험해보다) = **n** 전문가 **adj** 전문가의

Explicit ex(밖으로) + plicare(접다) = **adj** 분명한, 솔직한

Exploit ex(밖으로) + plicare(접다) = **v** 이용하다, 착취하다 **n** 위업, 공적

Expose ex(밖으로) + ponere(놓다) = **v** 공개하다, 폭로하다

External ex(밖으로) + trahere(끌다) = **adj** 외부의

Extract   ex(밖으로) + trahere(끌다) = **v** 추출하다, 발췌하다
               n 발췌, 초록

Edit   ex(밖으로) + dare(주다) = **v** 수정하다, 편집하다

REVIEW TEST

- The new stadium can exceed the old one in size.
  새 경기장은 크기에서 옛 경기장을 능가할 수 있다.

- Please exclude those who are not invited.
  초대받지 않은 사람들은 제외하세요.

- The museum will exhibit ancient artifacts.
  박물관은 고대 유물을 전시할 것이다.

- We need to expand our business to new markets.
  우리는 새로운 시장으로 사업을 확장해야 한다.

- She is an expert in computer science.
  그녀는 컴퓨터 과학 전문가이다.

- He gave an explicit explanation of the rules.
  그는 규칙에 대한 명확한 설명을 해주었다.

- Some people try to exploit natural resources.
  일부 사람들은 천연 자원을 착취하려고 한다.

- The magician will expose his secrets during the show.
  마술사는 쇼 도중 그의 비밀을 공개할 것이다.

- The _external_ temperature is lower than the internal temperature.
  외부 온도는 내부 온도보다 낮다.

- The dentist will _extract_ the tooth.
  치과 의사는 이를 뽑을 것이다.

- Please _edit_ the document for mistakes.
  문서에서 실수를 편집해 주세요.

- The bank will _issue_ new credit cards next month.
  은행은 다음 달에 새로운 신용카드를 발급할 것이다.

Equ- (equal)

너티는 환경 보호 활동에서 큰 성공을 거두었지만, 새로운 도전이 나타났습니다. 일부 사람들은 너티의 나무 심기 방법보다 쓰레기 수거가 더 효과적이라고 주장했습니다. 그러나 너티는 나무 심기와 쓰레기 수거를 동등한 행동으로 동일시해서는 안 된다고 강조했습니다. 그는 나무 심기가 숲 생태계를 복원하는 데 도움이 된다고 설명했습니다. 논란에도 불구하고, 너티는 자신의 길을 계속 가기로 결정했습니다.

Nutty had great success in his environmental protection efforts, but a new challenge emerged. Some people claimed that collecting trash was more effective than Nutty's tree-planting method. However, Nutty emphasized that planting trees and collecting trash should not be equated as equivalent actions. He explained that planting trees helped restore the forest ecosystem. Despite the controversy, Nutty decided to continue on his path.

Equ- (equal)

평평한, 평탄한

라틴어 형용사 aequus에서 유래했다. Aequus는 '평평한, 평탄한'이라는 뜻에서 출발하여 '동등한, 평등한'이라는 추상적 개념을 낳았다. 오늘날 영어 단어 중 'equ-'로 시작하는 상당수가 이런 뜻을 담고 있다.

Equate   aequare(평평하게 하다) = **v** 동일시하다

Equivalent   aequus(동등한) + valere(가치가 있다) = **adj** 동등한, 맞먹는 /
n 등가물

REVIEW TEST

- We can't _equate_ happiness with money.
  우리는 행복을 돈과 동일시할 수 없다.

- Five dollars is _equivalent_ to 5,000 won.
  5달러는 5,000원에 해당한다.

Fac-

너티는 나무 심기가 환경 보호의 핵심 요소라고 믿었습니다. 그는 나무 심기를 촉진하기 위해 더 많은 자원을 확보했습니다. 나무 심기의 특징은 숲의 생태계를 복원하고, 동물들에게 더 나은 서식지를 제공하는 것이었습니다. 너티는 이 방법이 다른 어떤 방법보다 더 효과적이라고 생각했습니다. 이러한 노력으로 너티는 환경 보호에 더 큰 기여를 할 수 있었습니다.

Nutty believed that tree planting was the core **factor** in environmental protection. He secured more resources to **facilitate** tree-planting activities. The **feature** of tree planting was that it restored the forest ecosystem and provided better habitats for animals. Nutty thought this method was more effective than any other. Through these efforts, Nutty made a greater contribution to environmental protection.

Fac-   (무슨 행동을, 무엇을)하다

라틴어 동사 'facere (무슨 행동을, 무엇을)하다'에서 유래했다. Faere는 영어의 'do 하다'나 'make 만들다' 모두로 번역할 수 있는데, 'fac-'이 들어있는 영어 단어들 대부분이 두 의미 중 하나를 담고 있다.

Facilitate   facere(~을 하다, 만들다) + facilis(쉬운, 적합한) = **v** 용이하게 하다

Factor   facere(~을 하다, 만들다) + faceur(대리인, 대표) = **n** 요인, 인자

Feature   facere(~을 하다, 만들다) + faiture(행위, 형태) = **n** 특징, 특색 / **v** 특별히 포함하다, 특징으로 삼다

REVIEW TEST

- Good tools can facilitate learning.
  좋은 도구는 학습을 촉진할 수 있다.

- The main factor of our success is hard work.
  우리의 성공의 주요 요인은 열심히 일하는 것이다.

- The mountains are a beautiful feature of nature.
  산은 자연의 아름다운 특징이다.

Fin- (end)

너티는 환경 보호 활동을 계속하고 싶었지만, 그의 재정과 관련된 어려움에 직면했습니다. 그의 재정 자원이 한정적임을 깨닫고, 그는 더 많은 기부금을 모으기로 최종 결정을 내렸습니다. 이를 위해 그는 지역 사회에 도움을 요청하고, 여러 행사에서 자금을 모았습니다. 이러한 노력으로 너티는 다시 환경 보호 활동을 활발히 이어갈 수 있었습니다.

Nutty wanted to continue his environmental protection activities but faced difficulties with his finances. Realizing that his financial resources were finite, he made the final decision to raise more donations. To achieve this, he asked the community for help and raised funds through various events. Through these efforts, Nutty was able to actively continue his environmental protection work.

Fin- (end) 끝, 마침, 마지막, 결말

경계(선), 한계(선), 한도, 끝, 마침, 마지막, 결말 등을 뜻하는 라틴어 명사 finis에서 유래했다.

Final   finalis(끝의, 결론적인) = `adj` 마지막의, 최종적인 / `n` 결승전

Finance   finer(분쟁이나 빚을 해결하다) = `n` 재정, 재원 / `v` 자금을 대다

Finite   finitum(제한된, 한정된) = `adj` 한정된, 유한한

REVIEW TEST

- The _final_ decision will be made tomorrow.
  최종 결정은 내일 내려질 것이다.

- She works in the _finance_ department of a company.
  그녀는 회사의 재무 부서에서 일한다.

- The earth has a _finite_ amount of resources.
  지구는 한정된 자원을 가지고 있다.

Form- (form, figure)

너티는 기부금을 더 효율적으로 모으기 위해 새로운 형식과 공식을 설계했습니다. 그는 또한 기부금 분배를 명확히 설명하기 위한 계획을 세웠습니다. 이 형식과 공식은 기부금이 어떻게 사용될지를 정확히 보여주어 많은 사람들의 참여를 독려했습니다. 너티의 새로운 형식과 공식 덕분에 그는 필요한 자금을 더 빨리 모을 수 있었습니다.

Nutty designed a new **format** and **formula** to collect donations more efficiently. He also created a plan to clearly explain the distribution of the donations. This format and formula showed exactly how the donations would be used, encouraging many people to participate. Thanks to Nutty's new format and formula, he was able to raise the necessary funds more quickly.

Form- (form, figure)

모양을 만들다

라틴어 동사 'formare 모양을 만들다'에서 유래했다. '모양을 만들다'라는 바탕 의미에서 '제작하다, 창조하다, 맞추다, 조직하다'등 다양한 뜻이 파생했는데, 'form-'이 들어간 영어 단어들은 대부분 이런 뜻을 담고 있다.

Format　formare(모양을 만들다) + formatus(모양이 만들어진) = **n** 구성 방식, 판형 / **v** 서식을 만들다

Formula　formare(모양을 만들다) + formula(도면, 형식) = **n** 수학 공식, 화학식, 정형화된 문구

REVIEW TEST

- The essay should follow a specific format .
  에세이는 특정 형식을 따라야 한다.

- He discovered a new formula for solving the problem.
  그는 문제를 해결하기 위한 새로운 공식을 발견했다.

Fund- (bottom)

너티는 그의 환경 보호 활동을 지속하기 위해 새로운 재단을 설립하기로 결정했습니다. 그는 처음부터 모든 것을 신중히 준비했고, 재단의 주요 목표가 그 임무에 있어 근본적인 원칙임을 보장했습니다. 그 재단은 숲과 동물을 보호하는 프로젝트를 지원할 계획이었으며, 환경 보존의 근본적인 원칙을 강조했습니다. 너티의 새로운 재단 덕분에 그는 더 많은 자원을 확보할 수 있었고, 그의 환경 보호 활동은 더욱 강력해졌습니다.

Nutty decided to **found** a new **foundation** to keep his environmental work going. He prepared everything carefully from the beginning and ensured that the foundation's main goals were **fundamental** to its mission. The foundation planned to support projects that protect the forest and animals, emphasizing fundamental principles of environmental conservation. Thanks to Nutty's new foundation, he secured more resources, and his environmental work grew stronger.

Fund- (bottom) 바닥, 밑

'바닥, 밑'을 뜻하는 라틴어 명사 fundus에서 유래했다.

Foundation   fundare(토대를 세우다) = **n** 토대, 기초, 재단

Found   fundare(토대를 세우다) = **v** 설립하다, 세우다

Fundamental   fundamentum(기초) = **adj** 근본적인, 핵심적인 / **n** 기본
원칙

REVIEW TEST

- The building's foundation is very strong.
그 건물의 기초는 매우 튼튼하다.

- She found a new charity to help children.
그녀는 어린이를 돕기 위해 새로운 자선을 설립했다.

- Learning to read is a fundamental skill.
읽는 법을 배우는 것은 기본적인 기술이다.

Gen-

너티의 재단은 모든 성별의 사람들이 함께할 수 있는 환경을 만들고자 노력했습니다. 그들은 새로운 아이디어를 생성했고 다음 세대에게도 환경 보호의 중요성을 알리기 위해 많은 프로그램을 마련했습니다. 너티는 어린 아이들에게 나무 심기의 중요성을 가르쳤고, 이로 인해 미래 세대도 환경 보호에 관심을 가지게 되었습니다.

Nutty's foundation worked to create an environment where people of all genders could participate. They generated new ideas and organized many programs to teach the next generation about the importance of protecting the environment. Nutty taught young children the importance of planting trees, which made the future generation more interested in environmental protection.

Gen-	출생하다, 얻다

인도유럽조어 'gen- 출생하다, 얻다'에서 유래했다. 출산, 가족, 부족과 관련된
상당수 단어에 'gen-'이 들어있다.

Gender   genus(태생, 민족, 자식) + genre(종류, 유형) = **n** 성, 성별

Generate   generare(낳다) = **v** 발생시키다, 만들어 내다

Generation   generatio(출생) = **n** 세대, 대

REVIEW TEST

- A person's _gender_ can be male or female.
  사람의 성별은 남자 또는 여자일 수 있다.

- The windmills _generate_ electricity for the town.
  풍차는 마을에 전기를 생산한다.

- My grandparents belong to an older _generation_ .
  나의 조부모님은 더 오래된 세대에 속한다.

Idem-

너티의 재단은 다양한 나무 종을 심는 활동을 계속했습니다. 그 과정에서 너티와 그의 팀은 동일한 종을 여러 번 심지 않도록 주의했습니다. 그들은 각 나무의 종을 식별했고 다양한 나무들이 자라날 수 있도록 했습니다. 이로 인해 숲은 더욱 건강하고 다채로워졌습니다.

Nutty's foundation continued planting various species of trees. During this process, Nutty and his team were careful not to plant identical species too many times. They identified each tree species to ensure a diverse forest. As a result, the forest became healthier and more colorful.

Idem-

위와 같음

라틴어에서 '위와 같음'이라는 뜻으로 쓰던 구문이다. '동일한'을 뜻하는 많은 영어 단어에 'idem-'이 들어있다.

Identical   identicus(똑같은) = `adj` 동일한, 똑같은

Identify   identifier(동일시하다) = `v` (신원 등을) 확인하다, 알아보다

REVIEW TEST

- The two twins are identical .
  두 쌍둥이는 동일하다.

- Can you identify the animal in the picture?
  그림 속 동물을 식별할 수 있나요?

Idea- (idea, pattern)

너티의 재단은 다양한 나무를 심으며 환경 보호 이데올로기를 퍼뜨렸습니다. 너티는 사람들이 환경 보호의 중요성을 이해하고 공감할 수 있도록 교육했습니다. 이러한 이데올로기는 재단의 모든 활동에 반영되었고, 많은 사람들이 이에 동참하게 되었습니다.

Nutty's foundation spread the **ideology** of environmental protection while planting various trees. Nutty educated people to understand and embrace the importance of protecting the environment. This ideology was reflected in all the foundation's activities, and many people joined in their efforts.

Idea- (idea, pattern)

보다, 알다

인도유럽조어 'weid 보다'에서 유래했다. 오늘날 v나 w로 시작하는 많은 영어 단어들에 이 흔적이 남아있는데, 'view 보다'와 'wise 지혜로운'이 대표적이다. 고대 그리스어, 라틴어에서 w는 i로 표기되었는데, 이후 프랑스어를 거쳐 수많은 그리스어, 라틴어 단어들이 영어에 들어오면서 'idea-'를 담은 많은 단어들이 탄생했다. 이들은 대부분 '생각, 보다, 알다'라는 뜻을 나타낸다.

Ideology   idea(모습, 모양) + logos(말) = **n** 이념, 관념

REVIEW TEST

- The teacher tried to explain the new ideology to the class.
  선생님은 새로운 이데올로기를 반에 설명하려고 했다.

In- (in, into) ❶

환경이 좋아져서 더 많은 동물들이 숲으로 이주해왔습니다. 슬리크는 거짓말로 동물들을 속여 투표로 시장이 되었습니다. 그는 약속과 달리 높은 세금을 부과했습니다. 슬리크는 그의 정책이 동물들에게 미친 영향을 많은 예시를 통해 설명했습니다. 그는 동물들에게 암묵적으로 따를 것을 요구하면서, 정책을 따를 경우 인센티브를 제공하겠다고 암시했습니다. 그러나 높은 세금으로 인해 동물들의 불만이 증가하자, 슬리크는 문제를 해결하기 위해 새로운 계획을 시행했습니다. 그럼에도 불구하고, 불만 발생률은 계속 증가했습니다. 그것은 그 계획이 비효율적이라는 것을 암시했습니다.

More animals immigrated to the forest because the environment improved. Sleek lied and convinced the animals to vote for him as mayor. Despite his promises, he imposed high taxes. Sleek illustrated the impact of his policies on the animals with many examples. He implicitly required the animals to follow his policies and implied that incentives would be provided for compliance. However, as the high taxes caused more complaints, Sleek implemented a new plan to address the issues. Despite his efforts, the incidence of complaints continued to rise. It implicated that the plan was ineffective.

In- (in, into)

안

'안'을 뜻하는 인도유럽조어 'en'에서 유래했다. 그리스어에서는 'en'으로, 라틴어에서는 'in'으로 쓰였으며 현대 영어 전치사 'in'도 같은 뿌리에서 나왔다.

Illustrate   in(안) + lustrare(밝게 하다, 비추다) = **v** 분명히 보여주다

Immigrate   in(안) + migrare(움직이다) = **v** 이주해 오다

Impact   in(안) + pangere(꽂다, 박다) = **n** 영향, 충격

Implement   in(안) + plere(채우다) = **v** 시행하다

Implicate   in(안) + plicare(접다) = **v** 시사하다

Implicit   in(안) + plicare(접다) = **adj** 암시된

Imply   in(안) + plicare(접다) = **v** 암시하다

Impose   in(안) + poser(놓다) = **v** 강요하다

Incentive   in(안) + canere(노래하다) = **n** 장려책

Incidence   in(안) + cadere(떨어지다) = **n** 발생정도

REVIEW TEST

- This picture can help _illustrate_ the story.
  이 그림은 이야기를 설명하는 데 도움이 된다.

- Many people _immigrate_ to a new country for a better life.
  많은 사람들이 더 나은 삶을 위해 새로운 나라로 이주한다.

- The storm had a big _impact_ on the town.
  폭풍은 마을에 큰 영향을 미쳤다.

- The school will _implement_ a new reading program next year.
  학교는 내년에 새로운 독서 프로그램을 시행할 것이다.

- His actions _implicate_ he might be guilty.
  그의 행동은 그가 유죄일 수 있음을 암시한다.

- The teacher decided not to _impose_ too many rules on the students.
  선생님은 학생들에게 너무 많은 규칙을 강요하지 않기로 결정했다.

- When you _imply_ something, you suggest it without saying it directly.
  무엇인가를 암시할 때, 직접적으로 말하지 않고 그것을 제안한다.

- The teacher had to _impose_ new rules in the classroom.
  선생님은 교실에서 새로운 규칙을 부과해야 했다.

- A good grade is an _incentive_ to study hard.
  좋은 성적은 열심히 공부할 수 있는 동기부여가 된다.

- The _incidence_ of rain is high in this area.
  이 지역의 강수 발생률이 높다.

In- (in, into) ②

너티는 환경운동뿐만 아니라 동물들을 위해 더 적극적으로 무언가를 해야 한다고 생각했습니다. 그는 정치에 발을 들여놓기로 결심했습니다. 초기 단계에서 너티는 동물들의 소득 문제를 해결하는 것이 중요하다는 것을 추론했습니다. 그는 동물들의 의견을 포함하여 정책을 수립하고, 그들이 필요한 것들을 나타내는 데이터를 수집했습니다. 너티는 새로운 정책을 시작하고, 변화를 유도하며, 새로운 해결책을 혁신하여 그들의 삶을 개선했다. 그는 정책을 시작하면서 내재된 문제들을 억제하고, 초기 단계의 목표를 달성하기 위해 동물들의 의견을 적극적으로 받아들였습니다. 이러한 노력들은 동물들의 생활을 개선하는 데 큰 도움이 될 것으로 기대되었습니다.

Nutty thought he needed to do more than just environmental activism for the animals. He decided to step into politics. In the initial stages, Nutty inferred that addressing the animals' income issues was crucial. He incorporated their opinions into his policies and collected data to indicate their needs. Nutty initiated new policies, induced changes, and innovated new solutions to improve their lives. While implementing these policies, he worked to inhibit inherent problems and achieved his initial goals by actively accepting the animals' input. These efforts were expected to greatly help improve the animals' lives.

In- (in, into) 안

'안'을 뜻하는 인도유럽조어 'en'에서 유래했다. 그리스어에서는 'en'으로, 라틴어에서는 'in'으로 쓰였으며 현대 영어 전치사 'in'도 같은 뿌리에서 나왔다.

Income   in(안, 안으로) + come(오다) = n 소득, 수입

Incorporate   in(안에) + corpus(몸) = v 포함하다, 설립하다

Indicate   in(안으로, 속으로) + dicare(알리다, 말하다) = v 나타내다, 시사하다

Induce   in(안으로) + ducere(끌다, 데리고 오다) = v 유도하다, 초래하다

Infer   in(안으로) + ferre(나르다, 옮기다) = v 추론하다

Inherent   in(안에) + haerere(달라붙다) = adj 내재하는

Inhibit   in(안에) + habere(잡다) = v 억제하다, 저해하다

Initial   in(안에, 안으로) + ire(가다) = adj 처음의, 초기의

Initiate   in(안으로) + ire(가다) = v 시작하다, 착수시키다

Innovate   in(안으로) + novus(새로운) = v 혁신하다

Input   in(안에) + put(놓다) = n 입력, 투입, 의견

REVIEW TEST

- My _income_ comes from teaching and writing.
  내 수입은 가르치는 것과 글쓰기로부터 나온다.

- We need to _incorporate_ all the ideas into one plan.
  우리는 모든 아이디어를 하나의 계획에 포함시켜야 한다.

- The sign _indicates_ the way to the nearest station.
  그 표지판은 가장 가까운 역으로 가는 길을 나타낸다.

- The doctor tried to _induce_ sleep with medication.
  의사는 약물로 수면을 유도하려고 노력했다.

- From his tone, I can _infer_ that he is upset.
  그의 말투로 보아 나는 그가 화가 났음을 추론할 수 있다.

- Kindness is _inherent_ in her nature.
  친절함은 그녀의 본성에 내재되어 있다.

- Fear can _inhibit_ your ability to act.
  두려움은 행동 능력을 억제할 수 있다.

- His _initial_ reaction was surprise.
  그의 초기 반응은 놀라움이었다.

- They will _initiate_ a new project next week.

  그들은 다음 주에 새로운 프로젝트를 시작할 것이다.

- The company aims to _innovate_ in renewable energy.

  그 회사는 재생 가능 에너지 분야에서 혁신을 이루고자 한다.

- Please give your _input_ during the meeting.

  회의 중에 당신의 의견을 입력해 주세요.

In- (in, into) ❸

너티의 주장에 따라 동물들은 시장의 정책을 검증하기 위해 투표를 하기로 결정했습니다. 너티는 정책의 문제점을 지적하며, 더 나은 방안을 제시했습니다. 투표를 위해 특별한 기관이 설립되었고, 동물들은 투표지를 삽입하고 결과를 기다렸습니다. 너티는 통찰력을 발휘하여 강렬한 연설을 했고, 동물들에게 현명한 선택을 할 것을 지시했습니다. 투표 결과가 나오기 전, 정책의 각 사례를 철저히 검사했습니다. 너티는 정책 개선을 위해 투자할 준비가 되어 있었습니다. 이번 투표는 시장 정책의 문제점을 명확히 드러내는 중요한 순간이 될 것이었습니다.

Following Nutty's insistence, the animals decided to verify the mayor's policies through a vote. Nutty pointed out the issues with the policies and suggested better alternatives. A special **institute** was set up for the vote, and animals **inserted** their ballots, waiting for the results. Nutty used his **insight** to give an **intense** speech, and **instructed** the animals to make a wise choice. Before the results came out, each **instance** of the policies was thoroughly **inspected**. Nutty was ready to **invest** in policy improvements. This vote was a crucial moment to highlight the flaws in the mayor's policies.

In- (in, into) | 안

'안'을 뜻하는 인도유럽조어 'en'에서 유래했다. 그리스어에서는 'en'으로, 라틴어에서는 'in'으로 쓰였으며 현대 영어 전치사 'in'도 같은 뿌리에서 나왔다.

Insert   in(안에) + serere(엮다) = **v** 삽입하다 **n** 부속품

Insight   in(안, 안으로) + sight(시각) = **n** 통찰력

Inspect   in(안) + specere(보다) = **v** 검사하다

Instance   in(안에) + stare(서다) = **n** 사례, 경우

Institute   in(안에) + statuere(세우다) = **n** 기관, 협회 **v** 도입하다,
시작하다

Instruct   in(안에) + struere(쌓다) = **v** 지시하다, 가르치다

Intense   in(특정 방향으로) + tendere(늘리다) = **adj** 극심한, 치열한

Invest   in(안으로) + vestire(옷을 입히다) = **v** 투자하다

REVIEW TEST

- Please _insert_ the coin into the slot.
  슬롯에 동전을 넣으세요.

- His book provides deep _insight_ into human nature.
  그의 책은 인간 본성에 대한 깊은 통찰력을 제공한다.

- The teacher will _inspect_ your homework for mistakes.
  선생님은 숙제에서 실수를 검사할 것이다.

- This is an _instance_ of how to solve the problem.
  이것은 문제를 푸는 방법의 한 예이다.

- The _institute_ provides higher education.
  그 연구소는 고등 교육을 제공한다.

- The coach will _instruct_ the team on how to play.
  코치는 팀에게 경기 방법을 지시할 것이다.

- The heat was very _intense_ during the summer.
  여름 동안 더위는 매우 강렬했다.

- They decided to _invest_ in the new business.
  그들은 새로운 사업에 투자하기로 결정했다.

In- (in, into) ④

투표 결과가 나온 후, 너티와 동물들은 시장의 정책을 더 깊이 조사하기로 결정했습니다. 너티는 정책의 모든 문제를 불러일으키기 위해 특별한 회의를 소집했습니다. 이 과정은 많은 동물들을 포함시켰고, 그들의 의견이 정책 검토에 반영되었습니다. 조사 결과는 정책의 결함을 명확히 나타냈으며, 모든 문제는 명확성을 위해 색인화되었습니다. 너티는 상황이 더 나빠질 것을 우려하여 동물들을 올바른 방향으로 이끌기로 더욱 결심했습니다. 동물들은 너티를 돕고 싶어서 정책 검토를 더 좋게 만들기 위해 자신들의 아이디어를 나누는 쪽으로 마음이 기울었습니다.

After the vote results were out, Nutty and the animals decided to investigate the mayor's policies more thoroughly. Nutty invoked a special meeting to highlight all the issues with the policies. This process involved many animals, and their opinions were included in the policy review. The investigation results clearly indicated the flaws in the policies, and all issues were indexed for clarity. Nutty, determined to prevent further problems, was even more dedicated to guiding the animals in the right direction. The animals were inclined to help Nutty, so they shared their ideas to improve the policy review.

In- (in, into) 　　　　　안

'안'을 뜻하는 인도유럽조어 'en'에서 유래했다. 그리스어에서는 'en'으로, 라틴어에서는 'in'으로 쓰였으며 현대 영어 전치사 'in'도 같은 뿌리에서 나왔다.

Investigate　　　in(안에) + vestigare(발자국을 따라가다) = **v** 조사하다, 연구하다

Invoke　　　in(안으로) + vocare(부르다) = **v** 들먹이다, 적용하다, 기원하다, 소집하다

Involve　　　in(안으로) + volvere(말다, 감다) = **adj** 연루된, 관련된; 복잡한

Index　　　in(안으로) + dicere(말하다, 지시하다) = **v** 색인을 만들다; **n** 색인

Incline　　　in(~쪽으로) + clinare(기울이다) = **v** 기울이다, 경사지다; ~하는 경향이 있다 **n** 경사, 비탈길

REVIEW TEST

- The detective will _investigate_ the crime scene.
  형사는 범죄 현장을 조사할 것이다.

- The ritual was meant to _invoke_ the spirits.
  그 의식은 영혼을 불러일으키기 위한 것이었다.

- Many activities _involve_ using your hands.
  많은 활동이 손을 사용하는 것을 포함한다.

- Look up the word in the _index_ .
  색인에서 단어를 찾아보세요.

- The tower appears to _incline_ slightly to one side.
  그 탑은 한쪽으로 약간 기울어진 것처럼 보인다.

In- (not)

마을 사람들은 너티가 새로운 시장이 되기를 간절히 바라며, 그의 리더십이 공동체의 문제를 해결할 수 있다고 믿었습니다. 그러나, 자신의 권력을 포기하지 않으려는 개인은 쉽게 단념하지 않았습니다. 슬리크는 정치적 계략에 능했지만, 진실성이 부족했으므로, 자신의 지위를 확보하기 위해 교활한 계획을 세웠습니다. 너티는 처음에는 문제를 슬리크의 무지 탓으로 돌렸으나, 곧 슬리크의 개인적인 야망과 도덕적 원칙 부족의 깊이를 알게 되었으며, 이는 모두를 놀라게 했습니다.

슬리크의 계획은 점점 더 어두워졌으며, 그는 경쟁자를 제거하기 위해 너티를 해치려는 음모까지 꾸몄습니다. 상황은 점점 더 불가피해 보였으며, 공동체는 절망에 빠졌습니다. 더 강력한 대응이 필요하다고 깨달은 너티와 그의 지지자들은 그들의 노력을 통합하기 시작하여 슬리크의 부패한 행동에 맞서 단결했습니다. 그들은 정직과 집단적 결의를 포용한 필수적 단결만이 진정한 변화를 이룰 수 있다고 이해했습니다.

The townspeople had high hopes that Nutty would become the new mayor, believing his leadership could solve their community's problems. However, individual unwilling to relinquish his power, was not easily deterred. Sleek, with political schemes but lacking integrity, devised a cunning plan to secure his position. Nutty initially attributed the turmoil to Sleek's ignorance, but he soon discovered the depth of Sleek's personal ambitions and lack of moral principles, which surprised everyone.

Sleek's plans grew darker, as he even schemed to injure Nutty to eliminate competition. The worsening situation seemed inevitable, leaving the community in despair. Recognizing the need for a stronger response, Nutty and his supporters began to integrate their efforts, uniting to counteract Sleek's corrupt actions. They understood that true progress could only be achieved through an integral unity that embraced honesty and collective resolve.

In- (not)

아닌

'아닌, 반대의, 없는'을 뜻하는 접두사다. 후기 라틴어 'in-' 에서 유래했으며 영어 접두사 'un-'과 같은 뿌리다.

Ignorance   in(아닌) + gnaru(잘 알고 있는) = **n** 무지, 무식

Individual   in(아닌) + dividere(나누다) = **n** 개인 **adj** 개별적인

Inevitable   in(아닌) + evitabilis(피할 수 있는) = **adj** 불가피한, 필연적인

Injure   in(아닌) + ius(법) = **v** 다치게 하다, 해치다

Integral   in(아닌) + tangere(만지다) = **adj** 필수적인, 필요 불가결한

Integrate   in(아닌) + tangere(만지다) = **v** 통합시키다, 통합되다

Integrity   in(아닌) + tangere(만지다) = **n** 진실성, 온전함

REVIEW TEST

- Ignorance is not knowing something.
  무지는 무언가를 모르는 것이다.

- Each individual is unique and special.
  각 개인은 독특하고 특별하다.

- Change is inevitable in life.
  변화는 삶에서 피할 수 없다.

- Be careful not to injure yourself while playing.
  놀다가 다치지 않도록 조심하세요.

- Honesty is an integral part of a good friendship.
  정직은 좋은 우정의 필수적인 부분이다.

- We need to integrate all the parts into one system.
  모든 부품을 하나의 시스템으로 통합해야 한다.

- His integrity kept him from lying.
  그의 진실성은 그가 거짓말을 못하게 했다.

Inter-

슬리크와 너티의 대결이 본격적으로 시작되었습니다. 슬리크는 동물들과 **소통**하며 그들의 호감을 얻기 위해 직접적인 **간격**을 두고 대화를 시도했습니다. 너티는 다양한 방법을 배우고 팀 내에서 **내부의** 결속을 강화하며 대응했습니다. 슬리크는 상황에 뛰어들어 사건들을 자신에게 유리하게 **설명하거나** 해석했지만, 너티는 문제를 효과적으로 해결하기 위해 적절한 순간에 **개입**하기로 선택했습니다. 슬리크는 복잡한 계획을 세우기 위해 자신의 **지능**에 의존하며, 종종 불확실한 지지자들을 끌어들이기 위해 **중간** 해결책을 모색했습니다. 반면 너티는 공동체의 **본질적인** 가치를 유지하며 정직과 신뢰를 지키는 데 주력했습니다. 그들의 충돌은 동물 공동체에 깊은 영향을 미치며 앞으로의 역학을 형성했습니다.

The showdown between Sleek and Nutty began in earnest. Sleek tried to expand his support by interacting with the animals, engaging in direct intervals of communication to gain their favor. Nutty responded by learning various methods and strengthening internal bonds within his team. Sleek stepped into situations, interpreting events to his advantage, while Nutty chose to intervene at the right moments to resolve issues effectively. Sleek relied on his intelligence to devise complex plans, often seeking out intermediate solutions to sway uncertain supporters. In contrast, Nutty focused on preserving the intrinsic values of the community, aiming to maintain honesty and trust. Their clash had a profound impact on the animal community, shaping its future dynamics.

Inter-

사이에, 가운데에

라틴어 전치사 'inter 사이에, 가운데에'에서 유래했다. 처음에는 라틴어에서 직접 들어온 단어들에만 'inter-'가 있었지만, 15세기부터는 순 영어 단어에도 'inter-'를 붙여 새 단어를 만들어 내기 시작했다.

Interact   inter(사이에) + act(행동하다) = **v** 소통하다, 교류하다

Intermediate   inter(사이에) + medius(가운데의) = **adj** 중간의, 중급의
                                n 중급자

Internal   internus(안의, 내부의) = **adj** 내부의

Interpret   inter(사이에) + per(거래하다, 팔다) = **v** 설명하다, 통역하다

Interval   inter(사이에) + vallus(벽) = **n** 간격

Intervene   inter(사이에) + venire(오다) = **v** 개입하다, 끼어들다

Intelligence   inter(사이에) + legere(읽다) = **n** 지능, 정보

Intrinsic   inter(사이에) + secus(가까이) = **adj** 본질적인, 고유한

REVIEW TEST

- The kids will interact during the game.
  아이들은 게임 동안 상호작용할 것이다.

- She is at an intermediate level of swimming.
  그녀는 수영에서 중급 수준이다.

- The heart is an internal organ.
  심장은 내부 기관이다.

- Can you interpret the meaning of this word?
  이 단어의 의미를 해석할 수 있나요?

- The interval between classes is short.
  수업 간격은 짧다.

- The teacher had to intervene to stop the fight.
  선생님은 싸움을 멈추기 위해 개입해야 했다.

- Reading books can increase your intelligence.
  책을 읽는 것은 당신의 지능을 높일 수 있다.

- The desire to learn is intrinsic to all humans.
  배우고자 하는 욕망은 모든 인간에게 내재되어 있다.

Lex (law)

결국 너티의 의견이 반영되어 새로운 법이 만들어졌습니다. 너티와 그의 지지자들은 **합법적인** 절차를 통해 법안을 제안하고 이를 **입법화하**기 위해 노력했습니다. 슬리크는 이를 반대하려 했지만, 동물들은 너티의 진실성을 믿었습니다. 새로운 법은 동물 사회의 복지를 증진시키는 데 큰 역할을 했고, 너티의 노력이 결실을 맺었습니다.

Eventually, Nutty's ideas led to the creation of a new law. Nutty and his supporters proposed the law through **legal** procedures and worked to **legislate** it. Sleek tried to oppose it, but the animals trusted Nutty's integrity. The new law played a significant role in improving the welfare of the animal community, and Nutty's efforts bore fruit.

Lex (law)

수집하다, 모으다

인도유럽조어 'leg'에서 유래했다. 원래 '수집하다, 모으다'라는 뜻으로 쓰였으며 '단어를 선택하고 골라 말하다'라는 개념에서 여러 뜻이 파생했다. 라틴어 'lex 법'과 영어 'law 법'의 어원이기도 하다.

Legal   legalis(법률의, 법적인) = `adj` 법률과 관련된, 합법적인

Legislate   legis(법률의) + latio(이동, 선포) = `v` 법률을 제정하다

REVIEW TEST

▪ It is legal to follow the law.

법을 따르는 것은 합법적이다.

▪ The government will legislate a new policy.

정부는 새로운 정책을 입법할 것이다.

Manu/mani- (hand)

슬리크는 자신의 방식대로 마을을 조종하는 것을 계속했지만, 너티는 모든 동물들에게 스스로 결정을 내리도록 격려했습니다. 너티는 분쟁 해결을 위한 설명서를 만들어 모든 이가 이를 따르도록 독려하며 마을의 평화를 유지하기 위해 열심히 노력했습니다.

Sleek continued to manipulate the village in his own way, but Nutty encouraged all the animals to make their own decisions. Nutty worked hard to maintain peace in the village by creating a manual for conflict resolution and encouraging everyone to follow it.

Manu/mani- (hand) 손

'손'을 뜻하는 인도유럽조어 'man'에서 유래했다. 이 말이 라틴어로 들어가 'manus 손'이 되었으며 손과 관련된 많은 어휘에 영향을 미쳤다.

Maintain   manus(손) + tenere(잡다) = **v** 유지하다, 지키다, 주장하다

Manipulate   manus(손) + plere(채우다) = **v** 조종하다, 다루다

Manual   manus(손) = **adj** 손으로 하는, 수동의 **n** 설명서

REVIEW TEST

▪ We need to maintain a clean environment.
우리는 깨끗한 환경을 유지해야 한다.

▪ She can manipulate the puppet easily.
그녀는 인형을 쉽게 조종할 수 있다.

▪ He followed the manual to fix the bike.
그는 자전거를 고치기 위해 설명서를 따랐다.

Medi- (middle)

슬리크의 야망이 계속되자, 사람들은 이웃 마을에 사는 현명한 부엉이 멀린에게 의견을 물어보기로 했습니다. 멀린은 여러 매체를 통해 소식을 접한 후, 중재하기로 결심했습니다. 멀린은 마을로 와서 모두가 모인 자리에서 중재를 시작했습니다.

As Sleek's ambitions continued, the animals decided to seek advice from Merlin, the wise owl. Merlin, after hearing the news through various media, decided to mediate. Merlin came to the village and began mediating in a gathering of all the animals.

Medi- (middle)

중간

'중간'을 뜻하는 인도유럽조어 'medhyo-'에서 유래했다. '중간, 사이'를 뜻하는 많은 유럽어 낱말에 그 흔적이 남아있는데, 'mesopotamia 메소포타미아'가 대표적이다. 'Meso'는 그리스어로 '중간, 사이'를 뜻하고 'potamia'는 '강들'이라는 뜻이다. 'Mesopotamia메소포타미아'는 티그리스강과 유프라테스강 사이 지역을 일컫는다.

Media   medium(가운데) = **n** 매체

Mediate   medius(가운데의) = **v** 중재하다, 조정하다

REVIEW TEST

- The news was broadcasted by the media .
  그 뉴스는 언론에 의해 방송되었다.

- She will mediate between the two sides.
  그녀는 양측을 중재할 것이다.

Mini- (smallest, least)

멀린은 자신의 의견이 **최소한의** 영향을 미치기를 바랐습니다. 그는 갈등을 **최소화하고** 모두가 동의할 수 있는 해결책을 찾으려고 했습니다. 그래서 멀린은 각자의 **사소한** 의견까지도 귀 기울여 들었습니다. 그는 **최소한의** 영향으로 최대한의 결과를 도출하고자 했습니다.

Merlin hoped his opinion would have a **minimal** impact. He aimed to **minimize** conflict and find a solution everyone could agree on. Thus, Merlin listened carefully to even the **minor** opinions of each animal. He wanted to achieve the maximum result with the **minimum** impact.

Mini- (smallest, least) | 작은, 소량의

라틴어 명사 'minimum 극히 작은 분량'에서 유래한 것으로 보인다. 'mini-'가 들어간 단어은 대부분 '작은, 소량의'라는 뜻을 내포하고 있다.

Minimal   minimus(제일 작은) = `adj` 아주 적은, 최소한의

Minimize   minimum(극히 작은 분량) + -ize(동사 접미사) = `v` 최소화
하다, 축소하다

Minimum   minimum(극히 작은 분량) = `adj` 최저의, 최소한의; `n` 최소
한도, 최저치

Minor   minor(더 작은) = `adj` 작은, 가벼운, 사소한; `n` 미성년자,
부전공

REVIEW TEST

- They used _minimal_ effort to complete the task.
  그들은 최소한의 노력으로 작업을 완료했다.

- We should _minimize_ waste to protect the environment.
  환경을 보호하기 위해 우리는 폐기물을 최소화해야 한다.

- The car needs a _minimum_ amount of fuel.
  그 자동차는 최소한의 연료가 필요하다.

- She made a _minor_ mistake on her test.
  그녀는 시험에서 사소한 실수를 했다.

Norm- (rule, pattern)

멀린에 의해 다시 규칙이 만들어졌고 이제서야 마을이 정상적인 상태로 돌아왔습니다.

With Merlin's guidance, new **norms** were established, and the village finally returned to a **normal** state.

Norm- (rule, pattern)

규칙

'규칙'을 뜻하는 라틴어 명사 'norma'에서 유래했다. '표준, 패턴'이라는 뜻을 내포하는 대부분의 단어에 'norm-'이 들어있다.

Norm   norma(규칙) = **n** 규범, 표준, 일반적인 수준

Normal   normalis(규격 대로의, 표준적인) = **adj** 보통의, 정상적인;
n 보통, 평균, 정상

REVIEW TEST

▪ Every society has its own social norm .
모든 사회는 자체의 사회 규칙을 가지고 있다.

▪ After the repair, the machine was back to its normal state.
수리 후에, 그 기계는 정상 상태로 돌아왔다.

Ob-

마을에 평화가 돌아온 후, 너티는 숲속의 아름다운 다람쥐 릴리에게 사랑에 빠지게 되었습니다. 사랑하는 이의 마음을 얻기 위해 그는 **객관적인** 태도로 자신을 평가하기로 했습니다. 자신의 감정이 사랑이라는 게 **분명한** 것 같다고 생각했습니다. 그는 릴리의 마음을 **얻기** 위해 최선을 다했고, 여러 감정이 **발생했습니다**. 결국 릴리는 그의 마음을 **차지했고**, 너티는 자신의 진정한 사랑을 찾았다는 것을 깨달았습니다.

After peace returned to the village, Nutty fell in love with Lily, a beautiful squirrel in the forest. To win her heart, he decided to evaluate himself with an **objective** view. It became **obvious** to him that his feelings were truly love. He did his best to **obtain** Lily's heart, and many emotions **occurred**. Eventually, Lily **occupied** his heart, and Nutty realized he had found his true love.

Ob-

근처, 반대

인도유럽조어 'epi- 근처, 반대'에서 유래했다. '근처, 반대'라는 상반된 의미가 나온 것은 가까이 있는 두 개체는 종종 서로 마주보기도 하기 때문인 것으로 추정한다. 이런 개념을 토대로 'ob-'는 '앞으로, 가까이, 반대로, 위에서'등 다양한 뜻을 나타내게 되었다.

Objective   objectivus(대상의, 객관적) = **n** 목적, 목표; **adj** 객관적인, 실재하는

Obtain   ob(앞으로) + tenere(잡다) = **v** 얻다, 구하다

Obvious   ob(앞에) + via(길) = **adj** 분명한, 명백한

Occur   ob(반대로) + currere(달리다) = **v** 일어나다, 발생하다

Occupy   ob(위에) + capere(잡다) = **v** 차지하다, 사용하다

REVIEW TEST

- Her _objective_ was to help people.
  그녀의 목표는 사람들을 돕는 것이었다.

- You need to _obtain_ permission before entering.
  들어가기 전에 허락을 받아야 한다.

- It is _obvious_ that he is the fastest runner.
  그가 가장 빠른 주자라는 것은 명백하다.

- The event will _occur_ next week.
  그 행사는 다음 주에 일어날 것이다.

- The students will _occupy_ the seats in the auditorium.
  학생들은 강당의 자리를 차지할 것이다.

Off- (off)

너티는 릴리와의 사랑을 키워나갔습니다. 그러나 때때로 그들의 성격 차이로 인해 작은 갈등이 발생하곤 했습니다. 너티는 이러한 갈등을 상쇄하기 위해 최선을 다했습니다. 그는 릴리와의 사랑이 그 어떤 어려움도 이길 수 있다는 것을 깨달았습니다.

Nutty continued to nurture his love for Lily. However, sometimes small conflicts occurred due to their personality differences. Nutty did his best to **offset** these conflicts. He realized that their love could overcome any difficulties.

Off- (off)

분리, 이탈

옛 영어에서 'of 떨어져, 멀리'의 강조형으로 사용 되었다. Off가 들어간 단어는 대부분 '분리, 이탈'이라는 뜻을 내포하고 있다.

Offset   off(분리) + set(놓다) = **v** 상쇄하다

REVIEW TEST

- To _offset_ the cold weather, she wore a warm coat.
  추운 날씨를 상쇄하기 위해 그녀는 따뜻한 코트를 입었다.

On (on, upon)

너티는 릴리와의 관계를 더 발전시키기로 했습니다. 그는 릴리와 솔직하게 이야기하며 서로의 차이를 인정하는 법을 배웠습니다.

Nutty decided to grow his relationship with Lily. He learned to talk openly with Lily and **acknowledge** their differences.

On (on, upon)

위에

인도유럽조어 'an- 위에'에서 유래했다. 주로 무언가의 위에 접촉하고 있음을 나타낼 때 쓰인다. 무언가에 찰싹 달라 붙어있다는 개념에서 '준비가 된, 작동 중인'등 다양한 뜻을 나타낼 수 있다.

Acknowledge   a(위에) + know(알다) + -ledge(인정하다) = **v** ~을 인정 하다

REVIEW TEST

- We need to _acknowledge_ that we received the package.

  우리는 패키지를 받았다는 것을 인정해야 한다.

Out- (out)

너티는 릴리와의 대화를 통해 긍정적인 **결과**를 얻었습니다. 그들의 관계는 더욱 깊어졌고, 사랑의 **결실**이 점점 더 강해졌습니다.

Through their conversations, Nutty and Lily achieved positive **outcomes**.

Their relationship deepened, and the **output** of their love grew stronger.

Out- (out)

밖으로, 멀리

'밖으로, 멀리'를 뜻하는 말에서 유래했다. '밖으로, 멀리'이외에도 '따로, 매우, 극도로, 완전히'라는 뜻을 나타내기도 한다.

Outcome   out(밖으로) + come(오다) = **n** 결과

Output   out(밖으로) + put(놓다) = **n** 산출량, 출력

REVIEW TEST

- The _outcome_ of the game was a win for our team.
  경기의 결과는 우리 팀의 승리였다.

- The factory's _output_ has increased this year.
  공장의 생산량은 올해 증가했다.

Over-

마을이 평화로워지자, 너티는 다시 환경 운동에 집중했습니다. 그는 환경 보호를 위해 해외로 이사 가기로 결정했습니다. 전반적인 계획을 세우면서, 너티는 몇 가지 문제들이 겹치는 것을 발견했습니다. 하지만 그는 자신의 목표를 이루기 위해 굳건히 나아갔습니다.

With the village at peace, Nutty focused again on his environmental activism. He decided to move **overseas** to further his cause. As he planned his **overall** strategy, Nutty noticed some issues that **overlapped**. However, he remained determined to achieve his goals.

Over-	위에

인도유럽조어 'uper- 위에'에서 유래했다. '위에'라는 뜻에서 '높은, 지나친, 바깥쪽의'등 여러 뜻이 파생했다.

Overall
over(위에) + all(모든 것) = `adj` 종합적인, 전체의;
`adv` 전부, 대체로

Overlap
over(위에) + lap(접히다, 감싸다) = `v` 겹치다, 포개다;
`n` 공통부분, 겹침

Overseas
over(위에) + sea(바다) = `adj` 해외의, 외국의; `adv` 해외에,
외국에

REVIEW TEST

- _Overall_ , the project was a great success.
  전반적으로 그 프로젝트는 큰 성공이었다.

- Their ideas often _overlap_ with each other.
  그들의 아이디어는 종종 서로 겹친다.

- She will travel _overseas_ for her job.
  그녀는 일 때문에 해외로 여행할 것이다.

Par- (a part, piece, a share)

릴리는 너티의 계획을 듣고 깊이 감동했습니다. 릴리는 너티의 파트너로서 이 환경 보호 프로젝트에 적극적으로 참여하기로 했습니다. 둘은 함께 새로운 환경에서 새로운 목표를 위해 노력하기로 결심했습니다.

Lily was deeply moved by Nutty's plan. As his **partner**, she decided to actively **participate** in the environmental project. Together, they resolved to work towards their new goals in a new environment.

Par- (a part, piece, a share) | 주다, 할당하다

인도유럽조어 'pere- 생산하다, 공급하다, 주다, 할당하다'에서 유래했다.

Participate   partir(나누다) + capere(잡다) = **v** 참가하다, 참여하다

Partner   partitio(구분, 분배)에서 유래; partir(나누다) + -ner(명사형 접미사) = **n** 동반자, 동업자

REVIEW TEST

- All students must participate in class activities.
  모든 학생들은 수업 활동에 참여해야 한다.

- My friend is my business partner .
  내 친구는 내 사업 파트너이다.

Para- (beside)

너티와 릴리는 이웃 마을로 이사했습니다. 새로운 환경에 적응하면서 너티는 자신의 환경 보호 활동을 확장하려고 노력했습니다. 그는 새로운 마을에서 활동을 시작하며 지역 주민들과 협력했습니다. 이 과정에서 너티는 환경 보호 활동의 패러다임을 바꾸기로 결심했습니다. 그는 일기장에 매일 새로운 계획과 생각을 문단으로 정리했습니다. 너티는 목표를 달성하기 위해 중요한 요소들을 찾기 위해 열심히 고민했습니다. 그의 계획은 지역 주민들과의 협력에 초점을 맞췄으며, 이는 그의 다른 활동들과 평행한 방식으로 진행되었습니다. 너티는 또한 자신의 프로젝트에 명확한 경계을 설정하여 모든 과제가 잘 정의되고 실현 가능하도록 했습니다.

Nutty and Lily moved to a neighboring village. While adapting to the new environment, Nutty tried to expand his environmental activism. He began working in the new village, collaborating with the local residents. During this process, Nutty decided to change the **paradigm** of his environmental activism. He organized his new plans and thoughts into **paragraphs** in his journal every day. Nutty worked hard to identify the important factors to achieve his goals. His plan focused on cooperation with the local residents, which ran **parallel** to his other activities. Nutty also set clear **parameters** for his projects, ensuring that every task was well-defined and achievable.

Para- (beside) | 옆, 가까이

그리스어 'para 옆, 가까이'에서 유래했다. 또한 무언가의 옆, 가까이에 있으면 마주보고 있는 경우가 많다는 개념을 토대로 'para'는 '반대로, 대조적으로'라는 뜻도 나타내곤 한다.

Paradigm   'para- 옆에' + 'deiknynai 보여주다' = **n** 전형적인 예, 양식

Paragraph   'para- 옆에' + 'graphein 쓰다' = **n** 단락, 절

Parallel   'para- 옆에' + 'allelois 서로' = **adj** 평행한, 유사한

Parameter   'para- 옆에' + 'metron 척도' = **n** 한도, 경계

REVIEW TEST

- This new paradigm shift could change everything.
  이 새로운 패러다임 변화는 모든 것을 바꿀 수 있다.

- The paragraph contains important information.
  그 단락은 중요한 정보를 포함하고 있다.

- The two roads run parallel to each other.
  두 도로는 서로 평행하게 달린다.

- The temperature should be within a certain parameter .
  온도는 특정 경계 내에 있어야 한다.

Per-

너티는 새로운 마을에서 그의 환경 보호 활동을 지속하기로 결심했습니다. 여러 관점에서 문제를 바라보며, 그는 지역 주민들의 필요를 더 잘 이해하게 되었습니다. 너티는 작은 변화들이 큰 영향을 미칠 수 있다는 것을 인지했습니다. 그는 환경 보호의 중요성을 알리고, 주민들이 함께 참여하도록 독려했습니다. 너티는 변화를 지속적으로 추구하며, 마을의 미래를 위해 열심히 일했습니다.

Nutty decided to **persist** with his environmental activism in the new village. By viewing problems from multiple **perspectives**, he better understood the needs of the local residents. Nutty **perceived** that small changes could make a big impact. He educated the residents about the importance of environmental protection and encouraged them to participate. Nutty continuously worked hard, seeking change for the village's future.

Per-

옆, 가까이

인도유럽조어 'per- 앞으로, 먼저, ~를 향해'에서 유래했다. 여기에서 '통과하여, 완전히'라는 뜻도 파생되었다. 'Per-'는 또한 '가까이'라는 뜻도 가지고 있어 '반대로'를 나타내기도 한다.

Persist 　　'per- 앞으로' + 'sistere 서다' = **v** 계속하다, 지속하다

Perspective 　'per- 통과하여' + 'specere 보다' = **n** 관점, 시각

Perceive 　　'per- 철저히' + 'capere 잡다' = **v** 감지하다, 인지하다

REVIEW TEST

- We must persist in our efforts to save water.
  우리는 물을 절약하려는 노력을 지속해야 한다.

- His perspective on the problem is different.
  그 문제에 대한 그의 관점은 다르다.

- Can you perceive the hidden message in the text?
  텍스트에서 숨겨진 메시지를 감지할 수 있습니까?

Pre-

너티는 새로운 마을에서 환경 보호 활동을 지속했습니다. 그러나 갑작스러운 산불이 마을에 닥쳤습니다. 너티는 **이전의** 작은 화재들을 **예비** 경고로 여겼습니다. 그는 불길의 경로를 **정확히 예측**하고 마을 사람들을 대피시켰습니다. 너티는 산불의 **지배적인** 영향을 이해하고, 산불이 퍼지기 전에 조치를 취했습니다. 그는 산불의 양상을 **미리 예측**하고, 마을을 보호하기 위해 최선을 다했습니다. 그의 행동은 불의 확산보다 **앞섰습니다.**

Nutty continued his environmental activism in the new village. However, a sudden wildfire struck the area. Nutty regarded the **previous** small fires as **preliminary** warnings. He **precisely predicted** the fire's path and evacuated the villagers. Nutty understood the **predominant** impact of the wildfire and took action before it spread. He **presumed** the fire's behavior and did his best to protect the village. He took action that **preceded** the fire's spread.

Pre-

이전에, 앞에

인도유럽조어 'peri- 이전에'에서 유래했다. 'Peri-'는 라틴어에서 'prae 앞에' 라는 전치사로 발전하였고, 이후 많은 영어 단어들에 이 흔적이 남게 된다.

Precede   'prae 앞에' + 'cedere 가다' = **v** 앞서다, 선행하다

Precise   'prae 앞에' + 'caedere 자르다' = **adj** 정확한, 엄밀한

Predict   'prae 앞에' + 'dicere 말하다' = **v** 예측하다, 예견하다

Predominant   'prae 앞에' + 'dominari 지배하다' = **adj** 지배적인, 우세한

Preliminary   'prae 앞에' + 'limen 문턱' = **adj** 예비의, 준비의

Presume   'prae 앞에' + 'sumere 가지다' = **v** 추정하다, 간주하다

Previous   'prae 앞에' + 'via 길' = **adj** 이전의, 앞선

REVIEW TEST

- His speech will _precede_ mine.
  그의 연설은 내 연설보다 먼저 있을 것이다.

- The instructions must be _precise_ and easy to follow.
  지침은 정확하고 따르기 쉬워야 한다.

- Scientists try to _predict_ the weather.
  과학자들은 날씨를 예측하려고 노력한다.

- The _predominant_ color of the room is blue.
  방의 주된 색상은 파란색이다.

- This is a _preliminary_ test before the final exam.
  이것은 최종 시험 전에 예비 시험이다.

- I _presume_ that he is telling the truth.
  나는 그가 진실을 말하고 있다고 추정한다.

- I need to review the _previous_ lessons before the test.
  나는 시험 전에 이전 수업을 복습해야 한다.

Pro-

너티는 산불의 원인을 밝히기 위해 전문적인 조사를 시작했습니다. 조사 과정에서 여러 증거를 발견한 너티는, 산불을 예방하는 방법을 홍보하는 프로젝트를 진행했습니다. 알고 보니 산불은 산에서 캠핑하던 한 동물의 부주의로 시작되었습니다. 그 동물은 직접 나서서 자수하며 자신이 저지른 실수를 고백했습니다. 이로 인해 너티는 마을을 보호할 수 있다는 희망적인 전망을 가지게 되었습니다. 너티는 마을을 더 안전한 곳으로 만들기 위해 노력했습니다. 또한, 너티는 마을 내에서 산불 예방을 위해 특정 행동을 금지하기로 했습니다. 그는 마을 사람들에게 산불 예방의 중요성을 강조하며, 전체적인 안전 조치를 재조정했습니다. 이 사건으로 인해 마을에서는 안전에 대한 경각심이 높아졌고, 산불 예방을 위한 비율을 높였습니다.

Nutty began a professional investigation to determine the cause of the forest fire. During the process, Nutty found several pieces of evidence and proceeded with a project to promote ways to prevent future fires. It turned out that the forest fire started because of a careless camper. The camper came forward and professed to the mistake. This gave Nutty a hopeful prospect that he could protect the village. Nutty worked hard to make the village a safer place. Additionally, Nutty decided to prohibit certain actions within the village to prevent future fires. He emphasized the importance of fire prevention to the villagers and readjusted the overall safety measures. This incident raised awareness about safety in the village and increased the proportion of fire prevention efforts.

Pro-

앞으로, 앞에

인도유럽조어 'per- 앞으로, 앞에, ~를 향해, 가까이'에서 유래했다. '앞으로, 앞에'를 뜻하기 때문에 시간 순서상 '먼저'를 나타내기도 하고 '가까이'있는 것은 종종 마주보고 있다는 개념을 토대로 '반대'를 뜻하기도 한다.

Proceed   'pro- 앞으로' + 'cedere 가다' = **v** 나아가다, 진행하다

Process   'pro- 앞으로' + 'cessus 전진' = **n** 과정 **v** 처리하다

Prohibit   'pro- 앞으로' + 'habere 잡다' = **v** 금지하다

Project   'pro- 앞으로' + 'jacere 던지다' = **v** 계획하다 **n** 프로젝트

Promote   'pro- 앞으로' + 'movere 움직이다' = **v** 촉진하다, 홍보하다

Prospect   'pro- 앞으로' + 'specere 보다' = **n** 전망, 가망

Professional   'pro- 앞으로' + 'fateri 인정하다' = **adj** 전문적인 **n** 전문가

Proportion   'pro ~에 대하여' + 'portione 부분' = **n** 비율, 균형

REVIEW TEST

- Let's _proceed_ with the plan.
  계획을 진행합시다.

- The _process_ is easy to understand.
  그 과정은 이해하기 쉽다.

- The rules _prohibit_ students from cheating.
  규칙은 학생들이 부정행위를 하지 못하게 금지한다.

- We will start a new _project_ next week.
  우리는 다음 주에 새로운 프로젝트를 시작할 것이다.

- They want to _promote_ healthy eating habits.
  그들은 건강한 식습관을 장려하고 싶어 한다.

- The _prospect_ of finding a new job is exciting.
  새 직장을 찾는 전망은 흥미진진하다.

- He is a _professional_ in the medical field.
  그는 의학 분야의 전문가이다.

- The _proportion_ of the cake should be equal for everyone.
  케이크의 비율은 모두에게 동일해야 한다.

Prim- (first, chief)

너티는 마을의 안전을 보장하기 위해 새로운 **원칙**을 세우기로 결심했습니다. 그는 **가장 중요한** 것들을 우선시하며 일을 진행했습니다. 너티는 자신이 **주된** 책임자임을 인식하고 마을 사람들에게 중요한 안전 수칙을 교육했습니다. 또한, 그는 모두가 따를 수 있도록 새로운 안전 규칙을 시행하며, 그들의 복지를 위한 **최고의** 헌신을 보여주었습니다.

Nutty decided to establish new **principles** to ensure the village's safety. He focused on the **primary** tasks first. Recognizing his role as the **principal** leader, he educated the villagers on essential safety measures. Additionally, he implemented new safety rules for everyone to follow, showing his **prime** commitment to their well-being.

Prim- (first, chief) | 첫, 맨 앞의

라틴어 형용사 'primus 첫, 맨 앞의'에서 유래했다. 순서상 첫 번째를 나타내기도 하지만, 시간상 가장 빠른이라는 개념과 우선순위에서 가장 앞에 있는 즉, '중요한'을 뜻하기도 한다.

Primary 'primus 첫' + '-arius 형용사 접미사' = `adj` 주요한, 기본적인

Prime 'primus 첫' + '-e 형용사 접미사' = `adj` 주된, 최고의

Principal 'princeps 군주' + '-alis 형용사 접미사' = `adj` 주요한, `n` 학장

Principle 'princeps 군주' + '-ple 명사 접미사' = `n` 원칙, 원리

REVIEW TEST

- The primary goal is to improve the service.
  주요 목표는 서비스를 개선하는 것이다.

- The prime reason for the meeting is to discuss the project.
  회의의 주요 이유는 프로젝트를 논의하기 위해서이다.

- The principal of the school is very kind.
  학교의 교장 선생님은 매우 친절하다.

- Honesty is a core principle in many cultures.
  정직은 많은 문화에서 핵심 원칙이다.

Re ①

너티는 이웃 마을에서도 인기가 높아졌습니다. 마을 사람들은 그에게 시장으로 출마해달라고 요청했습니다. 그러나 너티는 이를 **거절했습니다**. 그는 이미 많은 책임을 지고 있음을 알고 있었습니다. 너티는 자신이 계속해서 환경 보호를 위해 노력해야 한다고 느꼈습니다. 그는 잠시 **휴식을 취하고** 에너지를 **회복하기**로 했습니다. 너티는 새로운 환경 보호 방법을 **연구했고** 더 효과적인 방법을 찾고자 했습니다. 그는 자신의 지식을 **강화하고** 기술을 **정제하여** 마을을 위해 더 나은 일을 하고 싶었습니다. 너티는 출마에 대한 **꺼림**을 느끼며, 자신의 일에 더욱 집중하기로 했습니다. 그는 필요 없는 것들을 **제거했고**, 지역사회의 의견을 반영하여 새로운 방안을 **발표했습니다**. 너티는 마을 사람들에게 **의지**할 수 있다는 것을 깨닫고, 그들의 긍정적인 **반응**에 기뻐했습니다.

Nutty became very popular in the neighboring village as well. The villagers there asked him to run for mayor, but Nutty rejected their request. He realized he already had many responsibilities. Nutty felt he needed to continue his efforts in environmental protection. He decided to relax for a while and recover his energy. Nutty researched new methods of environmental protection, aiming to find more effective ways. He wanted to reinforce his knowledge and refine his skills to better serve the village. Nutty felt a reluctance to run for office and decided to focus more on his work. He removed unnecessary things and released new plans that reflected the community's input. Nutty acknowledged that he could rely on the villagers, and he was happy to see their positive reactions.

Re- 다시, 반복, 뒤로

라틴어 're- 다시, 반복, 뒤로'에서 유래한 단어 형성 요소로서 '뒤로, 원래 자리로, 다시'등을 뜻한다. 제자리로 돌아간다는 개념에서 '다시 한번'과 '반복'이라는 뜻이 파생한 것으로 보인다.

React 're- 뒤로, 반대로' + 'Act ~에게 ~을 행하다' = **v** 반응하다

Recover 're- 다시, 뒤로' + 'cooperire 덮다' = **v** 회복하다, 되찾다

Refine 're- 다시, 뒤로' + 'fine 세련되게 만들다' = **v** 정제하다, 개선하다

Reinforce 're- 뒤로, 다시' + 'enforce 집행하다' = **v** 강화하다

Reject 're- 다시, 뒤로' + 'jacere 던지다' = **v** 거부하다, 거절하다

Relax 're- 뒤로, 다시' + 'laxare 넓히다, 펴다' = **v** 휴식을 취하다, 진정하다

Release 're- 다시, 뒤로' + 'laxare 넓히다, 풀다' = **v** 풀어주다, 석방하다

Reluctance 're- 뒤로, 다시' + 'luctari 싸우다' = **n** 꺼림, 저항

Rely 're- 뒤로, 반대로' + 'ligare 묶다' = **v** 의지하다, 신뢰하다

Remove   're- 뒤로, 다시' + 'movere 움직이다' = **v** 치우다, 없애다

Research   're- 다시' + 'circare 돌아다니다' = **v** 연구하다, 조사하다

REVIEW TEST

- He will react quickly if you scare him.
  그를 놀라게 하면 그는 빨리 반응할 것이다.

- The patient will recover after surgery.
  환자는 수술 후 회복할 것이다.

- We need to refine our skills for the competition.
  우리는 대회를 위해 우리의 기술을 개선해야 한다.

- The teacher's praise will reinforce their confidence.
  선생님의 칭찬은 그들의 자신감을 강화할 것이다.

- I had to reject his offer because it wasn't fair.
  그것이 공정하지 않아서 그의 제안을 거절해야 했다.

- After a long day, I just want to relax .
  긴 하루를 보낸 후, 나는 그냥 쉬고 싶다.

- The bird was release back into the wild.
  그 새는 야생으로 다시 풀려났다.

- She showed some reluctance to join the new club.
  그녀는 새 클럽에 가입하는 것을 꺼려했다.

- You can rely on your friends for support.
  당신은 지원을 위해 친구들에게 의지할 수 있다.

- We need to remove the broken parts.
  우리는 고장난 부품을 제거해야 한다.

- We need to do more research on this topic.
  우리는 이 주제에 대해 더 많은 연구를 해야 한다.

Re ②

마을에 평화가 찾아온 지 얼마 되지 않아 새로운 위기가 닥쳤습니다. 너티는 환경 보호 활동을 계속하면서 자원을 활용해 마을을 지키고 있었습니다. 그러나 이웃 마을에서 동물들이 이주해오면서 자원이 부족해지기 시작했습니다. 문제를 해결하기 위해 너티는 회의를 열고 주민들의 의견을 들었습니다. 그는 자원의 효율적인 사용을 연구하고 불필요한 소비를 제한하기 위한 새로운 규칙을 제안했다. 너티는 자원 관리의 혁신을 이루기 위해 노력했으며, 자원을 복원하기 위한 프로젝트도 시작했습니다. 너티의 노력 덕분에 자원 관리 시스템이 개선되었고, 마을은 다시 번영했습니다. 하지만 모든 문제가 해결된 것은 아니었습니다. 너티는 자원 관리 시스템을 수정했고 제한된 자원을 유지하기 위한 방안을 모색하며, 새로운 수익 창출 방안을 찾기 위해 노력했습니다. 혁신적인 방법으로 문제를 해결하려 했지만, 일부 주민들은 여전히 회의적이었습니다. 너티는 자신의 계획을 공개했고 마을에 번영을 되찾기 위한 노력을 계속했다. 결국 마을의 운명이 뒤바뀌었고 더 나은 날들을 맞이하게 되었습니다.

A new crisis emerged shortly after the village found peace. Nutty continued his environmental activities, using resources to protect the village. However, with animals moving in from neighboring villages, resources became scarce. To resolve the issue, Nutty held a meeting and listened to the villagers' opinions. He researched efficient resource use and proposed new rules to restrict unnecessary consumption. Nutty worked to innovate resource management and started a project to restore resources. Thanks to his efforts, the resource management system improved, and the village thrived again. However, not all problems were solved. Nutty revised the resource management system and sought ways to retain the limited resources. He also looked for new ways to generate revenue. Despite his revolutionary methods, some villagers remained skeptical. Nutty revealed his plans and continued his efforts to bring prosperity back to the village. In the end, the village's fortunes reversed, and they saw better days.

Re-   다시, 반복, 뒤로

라틴어 're- 다시, 반복, 뒤로'에서 유래한 단어 형성 요소로서 '뒤로, 원래 자리로, 다시'등을 뜻한다. 제자리로 돌아간다는 개념에서 '다시 한번'과 '반복'이라는 뜻이 파생한 것으로 보인다.

Resolve   're- 뒤로, 다시' + 'solvere 풀다, 끄르다' = **v** 해결하다, 결심하다

Resource   're- 다시' + 'surgere 일어나다' = **n** 자원, 재원

Restore   're- 다시' + 'sta- 서다, 세우다' = **v** 회복시키다, 복구하다

Restrict   're- 뒤로, 다시' + 'stringere 죄다' = **v** 제한하다, 한정하다

Retain   're- 뒤로, 다시' + 'tenere 잡다' = **v** 유지하다, 보유하다

Reveal   're- 뒤로, 다시' + 'velare 가리다' = **v** 드러내다, 폭로하다

Revenue   're- 뒤로, 다시' + 'venire 오다' = **n** 수익, 세입

Reverse   're- 뒤로, 다시' + 'vertere 돌리다' = **v** 뒤집다 **n** 반대

Revise   're- 뒤로, 다시' + 'videre 보다' = **v** 수정하다, 개정하다

Revolution   're- 뒤로, 다시' + 'volvere 굴리다' = **n** 혁명, 회전

REVIEW TEST

- They need to _resolve_ the issue before it gets worse.
  그들은 문제가 더 악화되기 전에 해결해야 한다.

- Water is a precious _resource_ for everyone.
  물은 모든 사람에게 귀중한 자원이다.

- We need to _restore_ the old building.
  우리는 오래된 건물을 복원해야 한다.

- You should not _restrict_ yourself to one idea.
  한 가지 생각에 자신을 제한해서는 안 된다.

- It's important to _retain_ good habits.
  좋은 습관을 유지하는 것이 중요하다.

- The test results will _reveal_ our hypothesis.
  시험 결과는 우리의 가설을 밝힐 것이다.

- The company earns a lot of _revenue_ each year.
  그 회사는 매년 많은 수익을 올린다.

- He tried to _reverse_ the car's direction.
  그는 차의 방향을 바꾸려고 했다.

- We need to _revise_ our plan based on the feedback.
  우리는 피드백에 따라 계획을 수정해야 한다.

- The internet has led to a digital _revolution_.
  인터넷은 디지털 혁명을 이끌었다.

Reg- (rule)

마을이 번영을 되찾은 후, 너티는 더 나은 관리 보장을 위해 자원을 더 효율적으로 규제했습니다. 그는 모든 자원의 사용을 정밀하게 기록하기 위해 시스템을 등록하고, 이를 통해 마을 자원 관리 체계를 강화했습니다. 그러나 이웃 지역에서 슬리크가 다시 시장으로 선출되며 자원을 두고 갈등이 발생했습니다. 슬리크의 정권은 자원을 독점하려 했습니다. 너티는 갈등을 해결하기 위해 이웃 지역과 협력하고, 자원 관리 방안을 조정하여 두 마을 간의 평화를 유지하려고 했습니다.

After the village regained its prosperity, Nutty **regulated** resources more efficiently to ensure better management. He **registered** a system to meticulously track the usage of all resources, thus strengthening the village's resource management framework. However, Sleek was re-elected as mayor in a neighboring **region**, leading to conflicts over resources. Sleek's **regime** aimed to monopolize resources. Nutty worked to resolve the conflicts by cooperating with the neighboring region and adjusting resource management plans to maintain peace between the two villages.

Reg- (rule)   직선으로 이동하다, 이끌다

'직선으로 이동하다, 이끌다'를 뜻하는 인도유럽조어. 어떤 지점에서 다른 어떤 지점으로 무언가, 누군가를 이끈다는 개념을 토대로 '지배하다'라는 뜻을 갖게 되었다.

Regime   'regere 조종하다' + '-im' (명사형 접미사) = **n** 정권, 제도, 체제

Region   'regio 장소, 공간' = **n** 지역, 지방

Register   'regerere 조종하다' + '-er' (명사형 접미사) = **v** 등록하다, 기재하다, **n** 기록부

Regulate   'regulare 지도하다' + '-ate' (동사형 접미사) = **v** 규제하다, 조절하다

REVIEW TEST

- The new regime will bring many changes.
  새로운 정권은 많은 변화를 가져올 것이다.

- The region is famous for its wine.
  그 지역은 와인으로 유명하다.

- You must register before attending the event.
  행사에 참석하기 전에 등록해야 한다.

- The government will regulate the new rules.
  정부는 새로운 규칙을 규제할 것이다.

Se- (cut)

너티는 자원을 보호하기 위해 마을을 새로운 **구역**으로 나눴습니다. 각 구역에는 자원 관리자를 배치했습니다. 하지만 슬리크는 자신의 **부문**의 영향력을 확장하며 마을의 자원을 노렸습니다. 이에 자원 구역 간의 갈등이 심화되었습니다. 너티는 슬리크의 야망을 경계하며 마을 자원을 보호했습니다.

Nutty divided the village into new **sections** to protect resources, appointing managers for each. However, Sleek expanded his **sector**'s influence, eyeing the village's resources. This increased tension between resource sections. Nutty remained vigilant, protecting the village's resources against Slick's ambitions.

Se- (cut) — 자르다

인도유럽조어 'sek- 자르다'에서 유래했다. 'Se-'나 'sec'이 들어있는 단어들은 '절단, 분할'이라는 개념을 담고 있는 경우가 많다.

Section   'secare 자르다' + '-tion' (명사형 접미사) = **n** 부분, 구획

Sector   'secare 자르다' + '-or' (명사형 접미사) = **n** 부문, 분야

REVIEW TEST

- The book has a separate section on each topic.
  그 책은 각 주제에 대해 별도의 섹션을 가지고 있다.

- The technology sector is growing rapidly.
  기술 부문은 빠르게 성장하고 있다.

Spec- (to observe)

너티는 자원 보호를 위해 각 구역에 **특정한** 규칙을 도입했습니다. 그는 자원 관리자들에게 자원을 어떻게 보호할지 **명시했습니다.** 슬리크는 이러한 규칙에 불만을 가지며 자신의 방법대로 자원을 이용하려 했습니다. 긴장이 계속되었고, 마을의 안전이 위협받기 시작했습니다.

Nutty implemented **specific** rules for each section to protect resources. He **specified** to the managers how to safeguard the resources. Slick, unhappy with these rules, tried to use the resources his own way. Tension continued, and the village's safety began to be at risk.

Spec- (to observe) 관찰하다

인도유럽조어 'spek- 관찰하다'에서 유래했다. 'Spec-'이 들어 있는 단어들은 '보다, 생각하다, 관찰하다'라는 개념을 담고 있는 경우가 많다.

Specific   'specere 보다' + '-fic' (형용사형 접미사) = `adj` 구체적인, 명확한

Specify   'specificare 규정짓다' + '-fy' (동사형 접미사) = `v` 구체적으로 명시하다

REVIEW TEST

▪ Please give me _specific_ instructions.
  구체적인 지시를 해주세요.

▪ You must _specify_ your answer clearly.
  당신은 답을 명확히 명시해야 한다.

Sta- (stand, make or be firm)

그러던 중 슬리크가 병에 걸려 상황이 변하기 시작했습니다. 슬리크의 건강이 악화되자 그의 역할이 줄어들었고, 마을은 점차 안정되었습니다. 너티는 **통계**를 통해 마을이 점차 나아지고 있음을 확인하고, 마을에 더 **안정된** 환경을 **구축하기** 위해 노력했습니다.

Then, Slick fell ill, and the situation began to change. As Slick's health declined, his influence diminished, and the village gradually stabilized. Nutty used **statistics** to confirm the improvement and worked to **establish** a more **stable** environment for the village.

Sta- (stand, make or be firm) | 서다

인도유럽조어 'sta- 서다'에서 유래했다. 'sta-'가 들어있는 단어들은 '세우다, 멈추다, 머무르다, 놓다'라는 개념을 담고 있는 경우가 많다.

Stable   'stabulum 거처' + '-e' (형용사형 접미사) = `adj` 안정된, 차분한

Statistic   'status 상태' + '-ic' (형용사형 접미사) = `n` 통계, 통계학

E**sta**blish   'stabilis 안정된' + '-ire' (동사형 접미사) = `v` 설립하다, 확립하다

REVIEW TEST

- The table is stable and won't wobble.
  그 테이블은 안정적이어서 흔들리지 않을 것이다.

- The statistics show an increase in sales.
  통계는 판매 증가를 보여준다.

- They decided to establish a new company to focus on renewable energy.
  그들은 재생 에너지에 집중하기 위해 새로운 회사를 설립하기로 결정했다.

Sub-

슬리크는 죽기 전에 자신의 잘못을 반성하며 너티에게 마을을 번영시켜달라는 유언을 남겼습니다. 슬리크는 너티가 자신의 **후계자**가 되어주길 바랐습니다. 너티는 이 유언을 받아들여 마을의 안정을 **지속**하기 위해 노력했습니다. 그는 슬리크의 정책을 일시적으로 **유예**하고, 새로운 **보조금**을 도입하여 마을을 지원했습니다. 그 후 너티는 **충분한** 자원을 확보하고 **보충**하여 마을을 더욱 번영시켰습니다. 너티는 더 이상 **부하**가 아니라 지도자가 되었습니다. 그는 자신의 진행 상황에 대한 보고서를 **제출**했고 필요할 때 **대체** 수단을 사용했습니다

Before Sleek passed away, he reflected on his mistakes and expressed a wish for Nutty to help the village prosper. Sleek wanted Nutty to be his **successor**. Nutty accepted this responsibility and worked to **sustain** the village's stability. He temporarily **suspended** some of Sleek's policies and introduced new **subsidies** to support the village. **Subsequently**, Nutty secured **sufficient** resources and **supplemented** them to make the village thrive. Nutty was no longer a **subordinate** but the leader. He **submitted** reports on his progress and used **substitutions** when necessary.

Sub-

아래, 밑

라틴어 전치사 'sub아래, 밑'에서 유래했다. '아래, 밑'이라는 개념은 '발 밑에'라는 개념으로 이어졌고, 이는 '가까이'라는 뜻을 나타내기도 했다. 'Sub-'가 들어있는 단어들은 대부분 '아래, 가까이'라는 개념을 나타낸다.

Submit   'sub- 아래' + 'mittere 보내다' = **v** 제출하다, 항복하다

Subordinate   'sub- 아래' + 'ordinare 순서대로 놓다' = **adj** 종속된, 부차적인 / **n** 부하, 하급자

Suspend   'sub- 아래' + 'pendere 달다' = **v** 매달다, 유예하다

Sustain   'sub- 아래에서' + 'tenere 잡다' = **v** 지속하다, 견디다

Substitute   'sub- 아래' + 'statuere 세우다' = **v** 대신하다, 교체하다 / **n** 대리자, 교체선수

Subsidy   'sub- 아래' + 'sedere 앉다' = **n** 보조금, 장려금

Subsequent   'sub- 아래' + 'sequi 따라가다' = **adj** 그 다음의, 차후의

Successor   'sub- 아래' + 'cedere 가다' = **n** 후임자, 계승자

Sufficient   'sub- 아래' + 'facere 만들다' = **adj** 충분한

Supplement   'sub- 아래' + 'plere 채우다' = **n** 보충물, 추가물 / **v** 보충하다, 추가하다

REVIEW TEST

- You need to _submit_ your report by Friday.
  금요일까지 보고서를 제출해야 한다.

- A manager must guide their _subordinates_.
  매니저는 부하 직원들을 지도해야 한다.

- The meeting will _suspend_ until further notice.
  회의는 추후 공지가 있을 때까지 중단될 것이다.

- We need to _sustain_ our energy use to save money.
  우리는 돈을 절약하기 위해 에너지 사용을 지속해야 한다.

- You can use honey as a sugar _substitute_.
  꿀을 설탕 대체물로 사용할 수 있다.

- The farmer received a _subsidy_ for his crops.
  농부는 그의 농작물에 대해 보조금을 받았다.

- The results of this study will affect _subsequent_ research.
  이 연구의 결과는 이후 연구에 영향을 미칠 것이다.

- The new manager is the _successor_ of the previous one.
  새 매니저는 이전 매니저의 후임자이다.

- We have _sufficient_ resources to complete the project.
  우리는 프로젝트를 완료하기에 충분한 자원을 가지고 있다.

- The vitamins can be a good _supplement_ to your diet.
  비타민은 당신의 식단에 좋은 보충제가 될 수 있다.

Super- (over)

너티는 새로운 도전에 직면했습니다. 그의 마을은 가뭄으로 인해 어려움을 겪고 있었고, 많은 동물들이 먹이를 구하기 힘들어했습니다. 너티는 마을 동물들이 살아남을 방법을 찾기 위해 즉각적인 행동에 나섰습니다. 그는 마을 전체를 조사하여 어디에 먹이가 남아 있는지 확인했습니다. 너티는 또한 다른 지역으로부터 자원을 가져와 마을을 돕기 위해 열심히 일했습니다. 그의 노력 덕분에 마을은 결국 이 어려운 시기를 견디며 살아남았습니다.

Nutty faced a new challenge. His village was struggling due to a drought, and many animals found it hard to find food. Nutty immediately took action to find ways for the village animals to survive. He surveyed the entire village to identify where food supplies remained. Nutty also worked hard to bring in resources from other regions to help the village. Thanks to his efforts, the village eventually endured and survived this tough period.

Super- (over)

위, 저 너머, 초과, 추가로

라틴어 부사 'super 위, 저 너머'에서 유래했다. 무언가의 '위, 저 너머'에 있다는 개념을 토대로 '초과, 꼭대기'나 '그 외에, 추가로'라는 뜻도 나타내게 되었다. 또한 'super-'는 '매우'를 뜻하여 뒷말을 강조하는 역할도 한다.

Survive   'super 저 너머' + 'vivere 살다' = **v** 살아남다, 생존하다

Survey   'super 위' + 'videre 보다' = **v** 살피다, 점검하다 / **n** 설문조사, 측량

REVIEW TEST

- They managed to survive the harsh winter.
  그들은 혹독한 겨울을 견뎌냈다.

- The company conducted a customer survey .
  회사는 고객 설문조사를 실시했다.

Tech- (art, craft)

너티는 마을을 구한 후, 새로운 **기술**을 개발하는 데 많은 시간을 쏟았습니다. 그는 **기술적인** 문제를 해결하기 위해 다양한 **기법**과 기술을 연구했습니다. 너티는 마을의 발전을 위해 많은 **자료**를 읽고 연구했습니다. 그의 노력 덕분에 마을은 더 안전하고 편리한 곳이 되었습니다.

After saving the village, Nutty spent a lot of time developing new technologies. He researched various techniques and technology to solve technical problems. Nutty read and studied a lot of texts for the village's progress. Thanks to his efforts, the village became a safer and more convenient place.

Tech- (art, craft)

짜다, 만들다

인도유럽조어 'teks- 짜다, 만들다'에서 유래했다. 영어 단어 'textile 직물, 옷감'의 어원이기도 하다. 'Tech-'가 들어있는 단어들은 '짜다, 만들다, 짓다'라는 뜻을 담고 있는 경우가 많다.

Technical   'techne 기술'에서 유래 = **adj** 기술적인, 과학기술의

Technique   프랑스어 'technique 기교'에서 유래 = **n** 기교, 기법

Technology   'tekhne 기술' + 'legein 말하다' = **n** 기술, 기계

Text   'texere 짜다'에서 유래 = **n** 글, 문서

REVIEW TEST

- The machine needs a technical manual for operation.
  그 기계는 운영을 위해 기술 설명서가 필요하다.

- The magician used a special technique to perform the trick.
  마술사는 그 묘기를 부리기 위해 특별한 기술을 사용했다.

- Advances in technology have changed our lives.
  기술의 발전은 우리의 삶을 변화시켰다.

- Please read the text carefully.
  본문을 주의 깊게 읽어 주세요.

Trans-

너티는 "에코-트랜스포트 시스템"이라는 새로운 기술을 개발했습니다. 이 기술은 자원을 효율적으로 옮기고 마을의 환경을 보호하는 데 도움을 줍니다. 에코-트랜스포트 시스템은 전통적인 방식으로 정보를 전송하고 수집하며, 이 데이터를 변형하여 주민들이 쉽게 이해할 수 있도록 합니다. 또한, 재화를 친환경적으로 수송하고 전력을 전송하여 마을 전역에 배포합니다. 이 기술 덕분에 주민들은 마을 내에서 쉽게 이동할 수 있으며, 효율적인 통과와 수송이 가능해졌습니다.

Nutty developed a new technology called the "Eco-Transport System." This technology helps **transfer** resources efficiently and protect the village's environment. The Eco-Transport System uses **traditional** methods to **transmit** and collect information, then **transforms** this data into a format that villagers can easily understand. It also **transports** goods and transmits power in an eco-friendly way, distributing it throughout the village. Thanks to this technology, villagers can move easily within the village, facilitating efficient **transit** and transportation.

Trans- 넘어가다

인도유럽조어 'tere- 넘어가다'에서 유래했다. 라틴어에서 'trans'는 '넘어서, 위를 지나, 저편으로'등을 뜻하는 전치사로 쓰였다. 'trans-'가 들어있는 단어들은 '저편으로, 통과하여, 너머로, 초월하여'라는 뜻을 담고 있는 경우가 많다.

Transfer   'trans- 넘어서' + 'ferre 운반하다' = **v** 옮기다, 이송하다

Transform   'trans- 넘어서' + 'formare 모양을 만들다' = **v** 변형시키다

Transmit   'trans- 넘어서' + 'mittere 보내다' = **v** 전송하다, 송신하다

Transport   'trans- 넘어서' + 'portare 나르다' = **v** 이동시키다, 실어나르다

Transit   'trans- 넘어서' + 'ire 가다' = **n** 수송, 통과

Tradition   'trans- 넘어서' + 'dare 주다' = **n** 전통

REVIEW TEST

- We need to _transfer_ data from one computer to another.
  우리는 데이터를 한 컴퓨터에서 다른 컴퓨터로 전송해야 한다.

- The caterpillar will _transform_ into a butterfly.
  애벌레는 나비로 변할 것이다.

- The satellite will _transmit_ signals to Earth.
  위성은 지구로 신호를 전송할 것이다.

- We used a truck to _transport_ the goods.
  우리는 상품을 운송하기 위해 트럭을 사용했다.

- The train is in _transit_ between stations.
  기차는 역들 사이를 운행 중이다.

- This is a _tradition_ that has been passed down for generations.
  이것은 세대를 거쳐 내려온 전통이다.

Under-

너티의 "에코-트랜스포트 시스템"은 동물 왕국의 새로운 표준이 되었습니다. 이 기술은 마을 주민들의 생활 방식을 혁신적으로 바꾸었고, 다른 마을들도 이 기술을 도입하기 위해 준비 중입니다. 이 기술을 도입하는 과정에서 여러 마을은 변화를 겪어야 했지만, 너티의 시스템을 분명 모든 변화의 기저를 이루었습니다. 너티는 다른 마을에서도 이 시스템을 구축하는 일을 맡고 착수하기로 했습니다. 에코-트랜스포트 시스템은 동물 왕국 전역에 걸쳐 긍정적인 변화를 가져왔습니다.

Nutty's "Eco-Transport System" became the new standard in the animal kingdom. This technology revolutionized the way villagers lived, and other villages were preparing to adopt it. Although many villages had to undergo changes to implement this system, Nutty's technology did underlie all these transformations. Nutty decided to undertake the task of establishing this system in other villages as well. The Eco-Transport System brought positive changes across the entire animal kingdom.

Under-

아래, 아래쪽, 낮은

인도유럽조어 'ndher- 아래'에서 유래했다. 'under-'이 들어있는 단어들은 '아래, 아래쪽, 낮은'이라는 뜻을 담고 있는 경우가 많다.

Undergo   'under- 아래' + 'go 가다' = ⓥ 겪다, 경험하다

Underlie   'under- 아래' + 'lie 눕다, 있다' = ⓥ 기저를 이루다

Undertake   'under- 아래' + 'take 잡다' = ⓥ 착수하다, 맡다

REVIEW TEST

- You must _undergo_ a medical check-up every year.
  매년 건강 검진을 받아야 한다.

- Honesty and trust _underlie_ a strong relationship.
  정직과 신뢰는 강한 관계의 기초가 된다.

- The team will _undertake_ a new project next month.
  팀은 다음 달에 새로운 프로젝트를 시작할 것이다.

Uni- (one)

그러나, 이 시스템이 동물들을 **통합하**는 데 방해가 되는 문제가 발생했습니다. 일부 동물들은 이 **독특한** 시스템이 실제로 자연을 파괴하고 있다고 주장했고, 항의하기 위해 그들은 너티의 못된 그림이 그려진 **동일한** 옷을 입었습니다. 너티는 이러한 반발에 당황했고, 시스템을 계속 유지할지에 대해 진지하게 고민하게 되었습니다. 그렇다고 이 독특한 시스템을 파괴할 수는 없었습니다.

However, the system caused issues by hindering the ability to **unify** the animals. Some animals argued that this **unique** system was actually destroying nature, and they wore **uniform** clothes with a mean picture of Nutty on them to protest. Nutty was troubled by these objections and seriously considered whether to continue with the system. However, destroying such a unique system was not an option.

Uni- (one)　하나

라틴어 명사 'unus 하나'에서 유래했다. Unus는 인도유럽조어 'oi-no- 하나의, 유일한'에서 유래했는데, 이는 영어 단어 'one'의 어원이기도 하다.

Uniform   'uni- 하나' + 'form 형태' = `adj` 획일적인, 균일한

Unify   'uni- 하나' + 'fy 만들다' = `v` 통합하다

Unique   'uni- 하나' + 'que 유일한' = `adj` 유일무이한, 독특한

REVIEW TEST

▪ The uniforms for the soccer team are all uniform .
축구팀의 유니폼은 모두 동일하다.

▪ The two companies will unify to form a larger one.
두 회사는 합쳐져 더 큰 회사가 될 것이다.

▪ Every snowflake is unique.
모든 눈송이는 독특하다.

Vid/Vis- (see)

너티는 고민이 계속되자 릴리에게 조언을 구했습니다. 릴리는 너티에게 에코-트랜스포트 시스템과 자연 보호의 균형을 맞추는 새로운 **나아갈 방향**을 제시했습니다. 릴리의 제안은 **시각적**이고 명확했으며, **눈에 보이는** 자연과 기술의 조화를 이루는 앞날의 모습을 담고 있었습니다. 릴리는 에코-트랜스포트 시스템을 설치하지 않고 자연 상태 그대로 보존해야 하는 공간을 지정하는 방식을 제안했습니다. 이는 자연의 균형을 유지하면서도, 시스템의 장점을 활용할 수 있는 최적의 해결책이었습니다. 릴리의 조언 덕분에 너티는 문제의 해결책을 찾기 시작했습니다.

As Nutty's worries continued, he sought advice from Lily. She suggested a new **vision** for Nutty, balancing the system's benefits with nature conservation. Lily's suggestion was **visual** and clear, presenting a vision of harmony between nature and technology that was **visible** to all. Lily proposed designating specific areas where the Eco-Transport System would not be installed and preserving those spaces in their natural state. This was the best solution to maintain the balance of nature while utilizing the benefits of the system. Thanks to Lily's advice, Nutty began to find a solution to the problem.

Vid/Vis- (see) | 보다, 알다

라틴어 동사 'videre 보다'에서 유래했다. Videre는 인도유럽조어 'wied- 보다'에서 나왔는데 (V와 W는 원래 같은 발음이었다), 'wied-'는 영어단어 'wise 현명한'이나 'wit 재치'의 어원이기도 하다. 현명하거나 재치있는 사람은 남들이 보지 못하는 것을 '본다'라는 개념이 적용된 것으로 추정한다. 이처럼 'vid/vis-'가 들어있는 단어들은 '보다, 알다'라는 뜻을 담고있는 경우가 많다.

Visible   'videre 보다' + '-ible 보이는' = **adj** 보이는, 가시적인

Vision   'videre 보다' + '-io 행위' = **n** 시력, 상상, 나아갈 방향

Visual   'videre 보다' + '-alis 시각의' = **adj** 시각의, 시각 자료

REVIEW TEST

- The stars are visible in the night sky.
  별들은 밤하늘에 보인다.

- He has a clear vision for his future.
  그는 자신의 앞날에 대한 뚜렷한 그림이 있다.

- The movie has stunning visual effects.
  그 영화는 놀라운 시각 효과를 가지고 있다.

단어 없는 단어장

각기 다른 어원을 가진 단어

PROPER NOUN **A**

너티는 마침내 은퇴를 결심하고 다시 미술가의 삶을 살기로 했습니다. 그는 미술 학원을 열어 젊은 예술가들을 가르치기로 했습니다. 비록 그는 이제 나이가 들었 지만, 여전히 예술에 대한 열정은 뜨거웠습니다. 너티의 연례 전시회는 마을의 중 요한 행사로 자리 잡았습니다. 그는 지역 곳곳에서 학생들을 모집하여 다양한 태 도를 가진 이들을 받아들였습니다. 너티는 이제 작가로서의 삶을 즐기고 있었고, 그의 작품은 많은 이들에게 영감을 주었습니다. 또한, 그는 미술 학원에서의 권한 을 가지고 자동화된 시스템을 도입하여 운영을 효율적으로 만들었습니다. 너티는 자신의 선택에 대해 자부심을 느끼며, 예술이 주는 기쁨을 알고 있는 많은 사람들 과 함께했습니다.

Nutty finally decided to retire and return to his life as an artist. He opened an art academy to teach young artists. Albeit he was now older, his passion for art remained strong. Nutty's annual exhibition became a significant event in the village. He recruited students from various areas, accepting those with diverse attitudes. Now, as an author of his life, Nutty enjoyed creating art that inspired many. He also had the authority to implement an automated system in his academy to run it efficiently. Nutty felt proud of his decision and enjoyed sharing the joy of art with many who were aware of its beauty.

Word Organization

Academy   그리스어 'Akademeia' (플라톤의 학교가 있던 지역)에서 유래.
　　　　　　　 `n` 학교, 학술원

Albeit   중세영어 'al be it' (비록 ~일지라도)에서 유래.
　　　　　　　 `prep` 비록 ~일지라도

Annual   라틴어 'annualis' (매년의)에서 유래. `adj` 매년의, 연례의

Area   라틴어 'area' (빈 땅, 광장)에서 유래. `n` 지역, 구역

Attitude   이탈리아어 'attitudine' (자세, 적절성)에서 유래.
　　　　　　　 `n` 태도, 사고방식

Author   라틴어 'auctor' (창조자, 입안자)에서 유래. `n` 작가, 저자

Authority   라틴어 'auctoritas' (권위, 지휘권)에서 유래. `n` 권위, 지휘권

Aware   인도유럽조어 'wer-' (인지하다, 경계하다)에서 유래.
　　　　　　　 `adj` 알고 있는, 자각하는

REVIEW TEST

- She enrolled in a prestigious academy to study art.
  그녀는 예술을 공부하기 위해 유명한 학원에 등록했다.

- He decided to go for a walk, albeit it was raining.
  비가 오고 있음에도 불구하고 그는 산책을 하기로 했다.

- The company hosts an annual meeting for all employees.
  그 회사는 모든 직원들을 위한 연례 회의를 개최한다.

- The park covers a large area in the city.
  그 공원은 도시의 넓은 지역을 차지하고 있다.

- Her positive attitude helped her succeed.
  그녀의 긍정적인 태도가 그녀가 성공하도록 도와주었다.

- The author of the book will be signing copies at the event.
  그 책의 작가가 행사에서 책에 서명할 것이다.

- The new manager has the authority to implement changes.
  새로운 매니저는 변화를 실행할 권한을 가지고 있다.

- She was not aware of the changes happening around her.
  그녀는 주변에서 일어나는 변화들을 알지 못했다.

PROPER NOUN **B**

너티는 미술 학원 운영을 성공적으로 이어나갔습니다. 학생들과의 강한 유대감을 형성하면서 그들을 위해 많은 이익을 가져다주었습니다. 그는 학원을 대표하여 마을 전체에 예술의 중요성을 알리고자 했습니다. 비록 간혹 편견에 부딪히기도 했지만, 그는 예술이 모든 사람에게 이로움을 줄 수 있다는 믿음을 잃지 않았습니다. 많은 학생들이 너티와의 짧은 수업 시간을 통해 큰 영감을 받았습니다. 학원의 대규모 수업에서도 너티의 개인적인 접근 방식은 학생들에게 큰 영향을 미쳤습니다.

Nutty successfully continued running his art academy. He formed strong **bonds** with his students, bringing them many **benefits**. **On behalf** of the academy, he aimed to spread the importance of art throughout the village. Although he sometimes faced **bias**, he never lost his belief that art could benefit everyone. Many students were greatly inspired through **brief** lessons with Nutty. Even in the **bulk** of the academy's large classes, Nutty's personal approach had a significant impact on his students.

Word Organization

Behalf
옛 영어 'be healfe' (측면에 있다)에서 유래.
n 이익, 원조, on behalf of~ : ~을 대신, 대표하여

Benefit
라틴어 'benefactum' (훌륭한 일, 은혜)에서 유래.
n 혜택, 이득

Bias
그리스어 'epikarsios' (대각선, 비스듬한)에서 유래.
n 편견, 편향

Bond
인도유럽조어 'bheue-' (존재하다, 성장하다)에서 유래.
n 유대, 끈

Brief
라틴어 'brevis' (짧은)에서 유래. **adj** 짧은, 간단한

Bulk
인도유럽조어 'bhel-' (불어나다, 부풀다)에서 유래.
n 대부분, 물량' in bulk 대량으로

REVIEW TEST

- He spoke on _behalf_ of the entire team.
  그는 전체 팀을 대표하여 발언했다.

- Regular exercise has many health _benefits_.
  규칙적인 운동은 많은 건강상의 혜택이 있다.

- The judge must remain neutral and avoid any _bias_.
  판사는 중립을 유지하고 어떠한 편견도 피해야 한다.

- The siblings share a strong _bond_.
  형제자매는 강한 유대감을 공유한다.

- She gave a _brief_ summary of the report.
  그녀는 보고서의 간단한 요약을 제공했다.

- The store buys its supplies in _bulk_ to save money.
  그 가게는 비용을 절감하기 위해 대량으로 물품을 구매한다.

PROPER NOUN C ①

너티는 자신의 예술에서 새로운 높이를 탐험하기로 결심했고, 이는 그의 창작 여정에서 새로운 장을 열게 되었습니다. 그는 다양한 범주의 예술 작품을 연구하며, 자연 속의 화학적 반응을 이용한 작품을 만들기 시작했습니다. 이를 통해 마을 사람들에게 시민 의식과 자연 보호의 중요성을 분명히 하고자 했습니다. 그의 작품은 마을의 여러 장소에 인용되고 전시되었으며, 많은 사람들의 찬사를 받았습니다. 너티는 인용된 문구를 사용해 자신의 아이디어를 도식화하고 메시지를 명확히 만들었습니다. 끊임없는 도전들에도 불구하고, 그는 결코 멈추지 않았고 그의 예술을 통해 변화의 통로가 되었습니다. 마을 사람들은 그의 열정에 감탄하며 응원했습니다.

Nutty decided to explore new heights in his art, marking a fresh **chapter** in his creative journey. He researched various **categories** of art and started creating pieces using **chemical** reactions found in nature. Through his work, Nutty aimed to **clarify** the importance of **civil** awareness and nature conservation to the villagers. His pieces were **cited** and exhibited in various locations, earning much praise. Nutty used cited quotes to **chart** his ideas and make his messages clear. Despite constant **challenges**, he never **ceased** and became a **channel** for change through his art. The villagers admired his dedication and supported him.

Word Organization

Category 그리스어 'kategoria' (고발, 비난)에서 유래. **n** 범주, 분류

Cease 라틴어 'cedere' (떠나다, 물러나다)에서 유래.
v 중단되다, 그치다

Challenge 라틴어 'calumniari' (허위 고발하다, 비방하다)에서 유래.
v 도전하다, 이의를 제기하다

Channel 라틴어 'canna' (갈대, 관)에서 유래. **n** 채널, 경로
v 전달하다

Chapter 라틴어 'capitulum' (작은 머리, 장)에서 유래. **n** 장, 시기

Chart 라틴어 'charta' (종이, 책)에서 유래. **n** 도표, 차트
v 도식화하다

Chemical 그리스어 'khemeia' (함께 붓다)에서 유래.
adj 화학의 **n** 화학물질

Cite 라틴어 'citare' (빨리 움직이게 하다)에서 유래.
v 인용하다, 예를 들다

Civil 라틴어 'civilis' (시민의)에서 유래. **adj** 시민의, 민간의

Clarify 라틴어 'clarificare' (밝게 하다)에서 유래.
v 명확하게 하다, 분명히 하다

REVIEW TEST

- Please select the appropriate category for your question.
  당신의 질문에 적합한 범주를 선택해 주세요.

- The factory will cease operations next month.
  그 공장은 다음 달에 운영을 중단할 것이다.

- She enjoys a good challenge and always seeks to improve.
  그녀는 좋은 도전을 즐기며 항상 개선을 추구한다.

- Diplomacy is often the best channel for international communication.
  외교는 흔히 국제 소통의 가장 좋은 통로이다.

- This book's final chapter was very exciting.
  이 책의 마지막 장은 매우 흥미로웠다.

- The sales chart shows an increase over the last quarter.
  판매 차트는 지난 분기 동안의 증가를 보여준다.

- The laboratory is analyzing the chemical composition of the substance.
  실험실은 그 물질의 화학적 구성을 분석하고 있다.

- The professor asked us to cite our sources in the essay.
  교수님은 에세이에서 출처를 인용하라고 하셨다.

- The new law aims to improve civil rights.
  새 법은 시민의 권리를 개선하는 것을 목표로 한다.

- Can you clarify what you mean by that statement?
  그 발언이 무슨 의미인지 명확히 해 주시겠어요?

PROPER NOUN C ❷

하지만 너티는 예술적 좌절감에도 직면했습니다. 그의 **기업적인** 작업에 있는 **조항**에 따르면, 그의 새로운 작품들은 항상 **기준**을 충족하지 못했거나 **고전**예술과 비교했을 때 **문화 통화**로서 인정받지 못했습니다. 그는 자신의 감정을 작품 속에 **암호화**하려 했지만, **한 쌍**의 비평가들이 지적했듯이, 그가 **창조**할 때 그의 표현들은 억지스러워 보였습니다. 결과적으로 너티는 주기적으로 깊은 실망의 **순환** 속에서 자신을 발견했습니다. 마을 사람들은 그가 창조하는 것을 지켜보며 그를 격려했고, 그의 예술의 **중대한** 중요성을 상기시켜 주었습니다. 너티는 자신이 다시 일어설 수 있기를 희망했습니다.

However, Nutty also faced artistic frustration. As per the **clause** in his **corporate** work, his new pieces did not always meet the **criteria** or were not appreciated as **culture currency** compared to **classic** art. He would **code** his feelings into his work, but as a **couple** of critics pointed out, when he would **create** his expressions seemed forced. As a result, Nutty found himself in a **cycle** of deep disappointment periodically. The villagers watched as he would create and encouraged him, reminding him of the **crucial** importance of his art. Nutty hoped he could rise again.

Word Organization

Classic   라틴어 'classis' (신분계급)에서 유래. **adj** 일류의, 전형적인

Clause   라틴어 'claudere' (닫다)에서 유래. **n** 문법적 절, 법적 조항

Code   라틴어 'codex' (책, 법전)에서 유래. **n** 암호, 법전

Corporate   라틴어 'corporare' (육체를 갖추다)에서 유래.
adj 기업의, 공동의

Couple   라틴어 'copula' (끈, 연결)에서 유래. **n** 두 사람, 두 개

Create   라틴어 'creare' (창조하다)에서 유래. **v** 창조하다

Criteria   그리스어 'kriterion' (판단 기준)에서 유래. **n** 기준, 규준

Crucial   라틴어 'crux' (십자가)에서 유래. **adj** 중대한, 결정적인

Culture   라틴어 'colere' (돌보다, 경작하다)에서 유래. **n** 문화

Currency   라틴어 'currere' (뛰다)에서 유래. **n** 통화, 통용

Cycle   그리스어 'kyklos' (원, 바퀴)에서 유래. **n** 순환, 주기

REVIEW TEST

- She enjoys reading classic literature in her free time.

  그녀는 여가 시간에 고전 문학을 읽는 것을 즐긴다.

- There is a clause in the contract that specifies the payment terms.

  계약서에는 지불 조건을 명시하는 조항이 있다.

- Programmers often write code to create software applications.

  프로그래머는 소프트웨어 응용 프로그램을 만들기 위해 코드를 작성하는 경우가 많다.

- The corporate office is located in the city center.

  그 회사의 본사는 도심에 위치해 있다.

- The couple got married last summer.

  그 커플은 지난 여름에 결혼했다.

- She loves to create beautiful paintings in her studio.

  그녀는 자신의 스튜디오에서 아름다운 그림을 창작하는 것을 좋아한다.

- The applicants must meet the specified criteria to be considered for the job.

  지원자들은 그 직업에 고려되기 위해 정해진 기준을 충족해야 한다.

- It is _crucial_ to understand the basics before moving to advanced topics.
  고급 주제로 넘어가기 전에 기본을 이해하는 것이 중요하다.

- Traveling to different countries allows you to experience diverse _culture_ .
  다른 나라를 여행하는 것은 다양한 문화를 경험할 수 있게 해준다.

- The local _currency_ is experiencing a drop in value.
  현지 통화는 가치 하락을 겪고 있다.

- The business operates on a five-year _cycle_ for evaluating performance.
  그 사업은 성과 평가를 위해 5년 주기로 운영된다.

PROPER NOUN **D**

너티가 예술에 몰두하는 동안, 릴리는 그의 곁에서 많은 도움을 주었습니다. 그러나 릴리의 건강은 점차 악화되었습니다. 너티는 릴리의 건강 데이터를 모아 그녀를 돌보기 위해 노력했습니다. 수십 년 동안 함께하며 릴리는 너티의 다양한 초안과 완성된 예술 작품들을 지원해왔습니다. 너티는 릴리의 건강이 나빠지는 것을 보며, 새로운 예술 초안을 만들기 위해 역동적인 아이디어를 찾았습니다. 이 드라마 같은 과정의 기간 동안, 릴리는 항상 너티를 응원하며 그의 영감의 원천이 되어주었습니다.

While Nutty was engrossed in his art, Lily was always by his side, providing immense help. However, Lily's health gradually deteriorated. Nutty collected health **data** to take care of her. Over the **decades**, Lily had supported Nutty's **diverse drafts** and completed art pieces. Watching her health decline, Nutty sought **dynamic** ideas to draft new art. Throughout this **drama**-filled **duration**, Lily remained Nutty's biggest supporter and source of inspiration.

Word Organization

Data   라틴어 동사 'dare' (주다)에서 유래. **n** 자료, 정보

Decade   그리스어 'deka' (열)에서 유래. **n** 10년

Diverse   라틴어 형용사 'diversus' (반대 방향의)에서 유래.
                adj 다양한

Draft   인도유럽조어 'dhregh-' (끌어당기다)에서 유래.
                n 초안, 원고

Drama   그리스어 명사 'drama' (행동, 연극)에서 유래. **n** 극, 드라마

Duration   라틴어 동사 'durare' (굳어지게 하다)에서 유래.
                n 지속, 지속되는 기간

Dynamic   그리스어 형용사 'dynamikos' (강력한)에서 유래.
                adj 역동적인, 활발한

REVIEW TEST

- The research team collected a large amount of data for analysis.

  연구팀은 분석을 위해 많은 양의 데이터를 수집했다.

- Over the past decade , technology has advanced rapidly.

  지난 10년 동안 기술은 급속히 발전했다.

- The conference featured diverse speakers from various fields.

  그 회의는 다양한 분야에서 온 다양한 연사들을 특징으로 했다.

- He prepared a draft of his speech before presenting it to the committee.

  그는 위원회에 발표하기 전에 연설 초안을 준비했다.

- The TV series has a lot of unexpected drama that keep viewers engaged.

  그 TV 시리즈는 시청자들을 사로잡는 많은 예기치 않은 극적인 요소들을 가지고 있다.

- The duration of the project is estimated to be six months.

  그 프로젝트의 기간은 6개월로 추정된다.

- The company's dynamic growth is a result of innovative strategies.

  그 회사의 역동적인 성장은 혁신적인 전략의 결과이다.

PROPER NOUN E

릴리가 세상을 떠났을 때, 너티는 깊은 슬픔에 휩싸였습니다. 그는 자신의 슬픔을 예술로 승화시키기로 결심했습니다. 너티는 릴리와의 추억에서 끌어낸 감정적인 요소들을 담아 예술의 경제적 가치를 초월하는 작품들을 창작했습니다. 그는 릴리의 기억을 자신의 작업의 중심 존재로 삼아 그의 예술은 깊은 윤리적 의미를 가지게 되었습니다. 너티는 자신의 작품이 비슷한 상실을 경험한 사람들에게 깊이 공감될 것이라고 추정했습니다. 그는 자신의 예술을 통해 다양한 민족적 배경을 가진 사람들에게 치유와 위로를 제공하고자 했습니다. 그는 최신 도구들로 자신의 스튜디오를 장비를 갖추고 예술 활동을 지속했습니다. 너티의 예술은 릴리의 기억을 영원히 보존하며, 그것을 경험한 모든 이들의 마음을 울렸습니다.

When Lily eventually passed away, Nutty was engulfed in deep sorrow. He decided to channel his grief into his art. Nutty created pieces that transcended the **economy** value of art by infusing them with emotional **elements** drawn from his memories with Lily. Making Lily's memory the central **entity** of his work, his art took on profound **ethic** significance. Nutty **estimated** that his pieces would resonate deeply with those who shared similar experiences of loss. He aimed to offer healing and comfort through his art to people of various **ethnic** backgrounds. He **equipped** his studio with the latest tools to continue his artistic endeavors. Nutty's art preserved Lily's memory forever, touching the hearts of all who experienced it.

Word Organization

Economy　　　그리스어 'oikos' (집)에서 유래. **n** 경제, 경기 or 절약

Element　　　라틴어 명사 'elementum' (원소, 요소)에서 유래.
　　　　　　　　 n 요소, 성분

Entity　　　　라틴어 동사 'esse' (존재하다)에서 유래. **n** 독립체

Equip　　　　 옛 프랑스어 'esquiper' (선박에 짐을 싣다)에서 유래.
　　　　　　　　 v 장비를 갖추다

Estimate　　　라틴어 'aestimare' (평가하다)에서 유래.
　　　　　　　　 v 추정하다, 평가하다

Ethic　　　　 그리스어 'ethos' (습관)에서 유래. **n** 윤리, 도덕

Ethnic　　　　그리스어 'ethnikos' (이방의)에서 유래.
　　　　　　　　 adj 민족의, 민족 전통적인

REVIEW TEST

- The _economy_ is showing signs of recovery after the recession.
  경제가 불황 후 회복의 조짐을 보이고 있다.

- Water is a crucial _element_ for all living organisms.
  물은 모든 생명체에게 중요한 요소이다.

- The nonprofit organization was recognized as a significant _entity_ in disaster relief efforts.
  그 비영리 단체는 재난 구호 활동에서 중요한 독립체로 인정받았다.

- The new lab is fully _equip_ with the latest technology.
  새로운 실험실은 최신 기술로 완전히 장비를 갖췄다.

- He has a strong work _ethic_ and always puts in his best effort.
  그는 강한 직업 윤리를 가지고 있으며 항상 최선을 다한다.

- The festival celebrates the _ethnic_ diversity of the community.
  그 축제는 지역사회의 다양한 민족적 다양성을 기념한다.

- The team _estimated_ the total cost of recovery at $10 million.
  팀은 회복에 드는 총비용을 1,000만 달러로 추정했다.

PROPER NOUN **F**

너티는 모든 것을 이룬 것처럼 느껴졌지만, 계속해서 예술에 대한 고민을 이어갔습니다. 그는 **연방** 예술 **기금**에서 받은 지원금으로 스튜디오를 확장하고, 작품의 **유연성**을 높이며, **다가오는** 해의 새로운 전시회를 준비했습니다. 예술 작품의 가격은 경제 상황에 따라 **변동했**지만, 너티는 항상 예술의 가치를 유지하려고 노력했습니다. 자신의 작업에 **집중하기** 위해 **파일** 형태로 모든 작품과 관련된 문서를 정리했습니다. 너티는 필요한 재정적 지원을 확보하며, 예술계 전반에 걸쳐 큰 영향을 미쳤습니다. **뿐만 아니라**, 너티는 항상 새로운 아이디어를 실현하기 위해 노력했습니다. 너티는 또한 그의 작업이 예술계 전체의 **틀**에서 어떻게 **기능했**는지 이해하려고 노력했습니다. 또한 그의 전시회 **참여비**를 모두가 접근할 수 있도록 합리적인 가격으로 유지했습니다.

Nutty felt as though he had achieved everything, but he continued to ponder over his art. He expanded his studio with the support of **federal** art **funds** and increased the **flexibility** of his works while preparing a new exhibition **forthcoming** year. Although the prices of his art **fluctuated** with the economy, Nutty always strived to maintain the value of his art. To **focus** on his work, he organized all documents related to his pieces in **file** format. Nutty secured the necessary funds and had a significant impact on the art world. **Furthermore**, Nutty always worked hard to bring new ideas to life. Nutty also tried to understand how his work **functioned** within the overall **framework** of the art world. Additionally, he kept the participation **fee** for his exhibitions affordable to ensure that his art was accessible to everyone.

Word Organization

Federal
라틴어 'foedus' (동맹, 연합)에서 유래.
adj 연방제의 or 연방 정부의

Fee
인도유럽조어 'peku' (소)에서 유래. n 수수료, 요금

File
라틴어 'filum' (실)에서 유래. n 서류철, 파일 or
v 보관하다, 제출하다

Flexible
라틴어 형용사 'flexibilis' (굽히기 쉬운)에서 유래.
adj 융통성 있는, 유연한

Fluctuate
라틴어 동사 'fluere' (흐르다)에서 유래.
v 변동하다, 등락을 거듭하다

Focus
라틴어 명사 'focus' (난로)에서 유래.
n 초점 or v 집중하다

Forthcoming
'forth' (쪽으로) + 'coming' (오고 있는)에서 유래.
adj 다가오는, 곧 있을

Framework
'frame' (틀) + 'work' (작업)에서 유래. n 틀, 체제, 체계

Function
라틴어 명사 'functio' (임무, 능력)에서 유래.
n 기능, 역할 or v 기능하다

Fund	라틴어 명사 'fundus' (바닥, 기초)에서 유래.
	n 기금, 자금

Furthermore	'further' (더 나아가) + 'more' (더, 더 많이)에서 유래.
	adv 뿐만 아니라, 더욱이

REVIEW TEST

- The _federal_ government announced new policies.
  연방 정부가 새로운 정책을 발표했다.

- There is a small _fee_ for using the library.
  도서관을 이용하는 데 작은 요금이 있다.

- I need to _file_ these documents alphabetically.
  이 문서들을 알파벳 순으로 정리해야 한다.

- Her schedule is _flexible_ , allowing her to attend different classes.
  그녀의 일정은 유연하여 다양한 수업에 참석할 수 있다.

- The stock prices _fluctuate_ daily, making it hard to predict.
  주가가 매일 변동하여 예측하기 어렵다.

- We need to _focus_ on the main issue at hand.
  우리는 현재 당면한 주요 문제에 집중할 필요가 있다.

- The _forthcoming_ event promises to be exciting.
  다가오는 행사는 흥미진진할 것으로 보인다.

- The new policy provides a framework for sustainable development.
새로운 정책은 지속 가능한 발전을 위한 틀을 제공한다.

- The heart's primary function is to pump blood throughout the body.
심장의 주요 기능은 혈액을 온몸에 펌프질하는 것이다.

- The project was made possible by a generous fund from the government.
그 프로젝트는 정부의 관대한 자금 지원으로 가능해졌다.

- The results are promising, and furthermore , we should continue the research.
결과가 유망하며, 게다가 우리는 연구를 계속해야 한다.

PROPER NOUN G

너티는 계속해서 자신의 예술에 몰두하며 세계적인 화가가 되기 위한 **목표**를 세웠습니다. 그는 작품의 **등급**을 한층 더 높이기 위해 노력했고, 예술 **지원금**을 받아 작품 활동을 이어갔습니다. 너티의 작품은 **전 세계적**으로 인정을 받아 높은 등급을 받았습니다. 그의 성공은 **보장된** 것처럼 보였습니다. 너티는 자신의 예술적 여정을 다른 예술가들이 따를 수 있도록 **가이드라인**을 제공하기도 했습니다.

Nutty continued to immerse himself in his art, setting a goal to become a world-renowned artist. He worked to elevate the grade of his work and received grants to support his artistic endeavors. Nutty's art gained global recognition, earning high grades internationally. His success seemed guaranteed. Nutty also provided guidelines for other artists to follow his artistic journey.

Word Organization

Globe　　　라틴어 'globus' (공, 둥근 덩이)에서 유래. **n** 지구본, 세계
　　　　　　　adj 형태는 Global이고 '전세계적'이라는 뜻

Goal　　　옛 프랑스어 'gaule' (긴 막대기, 말뚝)에서 유래할
　　　　　　　n 가능성 or 목표, 골문

Grade　　　라틴어 명사 'gradus' (걸음, 전진)에서 유래.
　　　　　　　n 등급, 단계

Grant　　　라틴어 동사 'credere' (믿다)에서 유래.
　　　　　　　v 승인하다, 인정하다 or **n** 보조금

Guarantee　프랑스어 동사 'garantir' (보증하다)에서 유래.
　　　　　　　n 확약, 품질 보증서 or **v** 보장하다

Guideline　'guide' (안내하다) + 'line' (선)에서 유래. **n** 지침, 지표

REVIEW TEST

- The _globe_ rotates on its axis once every 24 hours.
  지구는 24시간마다 한 바퀴 자전한다.

- His main _goal_ is to become a successful doctor.
  그의 주요 목표는 성공적인 의사가 되는 것이다.

- She received a high _grade_ on her final exam.
  그녀는 기말고사에서 높은 점수를 받았다.

- The university will _grant_ scholarships to deserving students.
  대학교는 자격이 있는 학생들에게 장학금을 수여할 것이다.

- This warranty _guarantee_ that the product will be replaced if
  defective.
  이 보증서는 제품에 결함이 있을 경우 교체해 줄 것을 보장한다.

- Follow the _guideline_ to complete the project successfully.
  프로젝트를 성공적으로 완료하려면 지침을 따르세요.

PROPER NOUN H, I, J

너티는 막대한 부를 쌓았고 예술계의 계급에서 정점에 올랐습니다. 이런 이유로 그는 자신의 경력을 통해 만들어낸 이미지, 즉 다른 사람들이 성공의 상징으로 보는 모습을 자주 되돌아보았습니다. 그는 자신의 여정을 개인 일기에 기록하며, 중요하다고 여긴 각 항목을 꼼꼼히 문서화했습니다. 하지만 그의 성취에도 불구하고, 너티는 진정한 행복으로부터 고립되어 있다는 느낌을 떨칠 수 없었습니다. 너티는 외적 인정에 대한 끊임없는 추구가 이 공허함의 원인일 수 있다는 가설을 세웠습니다. 이를 검증하기 위해 그는 예술계의 기반 구조를 떠나, 다른 사람들과 더 깊이 연결될 수 있는 단순한 직업을 선택하기로 했습니다. 너티는 물질적 성공보다 감정적 연결의 중요성을 강조하는 새로운 프로젝트를 시작하며, 자신의 경력을 위해 치렀던 희생들을 정당화하고자 했습니다. 삶의 마지막 장에서, 너티는 인생의 진정한 의미가 거대한 기반 구조나 성공의 엄격한 계급 속에 있는 것이 아니라, 아직 만들지 못한 관계와 기억 속에 있다는 것을 깨달았습니다.

Nutty had accumulated great wealth and reached the pinnacle of the hierarchy in the art world. Hence, he often reflected on the image he had crafted throughout his career, which others viewed as a symbol of success. He wrote about his journey in a personal journal, meticulously documenting every item he deemed important. Despite his accomplishments, Nutty could not shake the sense of being isolated from true happiness. He developed a hypothesis that his relentless pursuit of external validation might have caused this emptiness. To test this theory, he decided to step away from the infrastructure of the art world and take on a simpler job that would allow him to connect with others on a deeper level. Nutty began a new project that highlighted the importance of emotional connection over material success, seeking to justify the sacrifices he had made for his career.In this final chapter of his life, Nutty realized that life's true meaning wasn't in the towering structures of infrastructure or the rigid hierarchies of success, but in the relationships and memories he had yet to create.

Word Organization

Hence
Old English 'heonan' (이로부터 떨어져)
→ `adj` 이런 이유로

Hierarchy
그리스어 'hierarkhia' (대제사장의 통치)
→ `n` 계급, 체계

Highlight
17세기 'high' (높은) + 'light' (빛)
→ `v` 강조하다 or `n` 가장 좋은 부분

Hypothesis
그리스어 'hypothesis' (아래에 놓인 것, 명제)
→ `n` 가설, 추정

Image
라틴어 'imitari' (모방하다, 흉내내다)
→ `n` 인상, 영상, 그림

Infrastructure
라틴어 'infra' (아래에) + 'structus' (축적, 쌓음)
→ `n` 사회 기반 시설

Isolate
라틴어 'insulatus' (섬에 옮겨진, 고립된)
→ `v` 격리하다, 고립시키다

Item
라틴어 부사 'item' (또한, 더욱이)
→ `n` 항목, 물품

Job

옛 영어 'gobbe' (대량, 덩어리)
→ **n** 일, 직장, 과제

Journal

라틴어 'diurnalis' (매일의)
→ **n** 신문, 잡지 or 일기

Justify

라틴어 'iustificare' (공정하게 다루다)
→ **v** 정당화하다, 해명하다

REVIEW TEST

- She was late, hence she missed the bus.
  그녀는 늦어서 버스를 놓쳤다.

- The company has a strict hierarchy of management.
  그 회사는 엄격한 관리 계층 구조를 가지고 있다.

- The speaker will highlight the main points of his argument.
  연사는 자신의 주장 중 주요한 점들을 강조할 것이다.

- His hypothesis was proven correct by the experiment.
  그의 가설은 실험에 의해 옳음이 증명되었다.

- The image of the mountain was breathtaking.
  그 산의 이미지는 숨막힐 듯 아름다웠다.

- The city is investing in its transportation infrastructure.
  그 도시는 교통 기반 시설에 투자하고 있다.

- They tried to isolate the problem to find a solution.
  그들은 해결책을 찾기 위해 문제를 고립시키려고 했다.

- She picked up each item and examined it carefully.
  그녀는 각 항목을 집어들어 주의 깊게 살펴보았다.

- He found a new job as a teacher.
  그는 교사로서 새로운 일을 찾았다.

- The scientist published his findings in a journal .
  그 과학자는 자신의 발견을 저널에 발표했다.

- Can you justify your decision to everyone?
  당신의 결정을 모두에게 정당화할 수 있습니까?

PROPER NOUN L

너티는 인생의 의미를 찾기 위한 여정을 시작했습니다. 그는 자신의 출발점을 지역 사회 내에서 **찾고**, 탐구하고자 하는 삶의 다양한 측면에 **라벨을 붙였습니다**. 여행 중 그는 여러 지역을 방문하며 의미 있는 대화를 나눴고, 때로는 자신의 관점을 공유하는 즉흥적인 **강의**를 하기도 했습니다. 너티는 다양한 지역에서 사람들의 일상적인 **노동**을 관찰하며, 그들의 고충과 기쁨을 더 깊이 이해하게 되었습니다. 그는 그들의 이야기 속에서 **층**을 발견하며, 인간 존재에 대한 숨겨진 진실을 밝혀냈습니다. 또한 정부가 부과하는 세금과 **부과금**이 그들의 삶과 자유에 어떻게 영향을 미치는지도 알게 되었습니다. 이러한 교류를 통해, 너티는 개성과 표현을 중시하는 **자유주의적** 태도를 가진 일부 공동체에 감탄했습니다. 그는 또한 사람들이 서로 다름에도 불구하고 인류의 공통된 **유대**를 통해 연결되어 있다는 점을 발견했습니다. 너티는 그들의 회복력에서 영감을 받아 자신의 철학을 만들기 시작했고, 이 여정과 경험을 반영한 **논리**의 틀을 구축했습니다. 그는 **마찬가지로**, 자신의 삶도 관찰한 것처럼 연결과 선택에 의해 형성되었음을 깨달았습니다. 결국, 너티는 자신의 발견을 **허가받아** 가이드로 만들고, 인생의 의미를 찾고자 하는 이들에게 로드맵을 제공하고자 했습니다.

Nutty embarked on a journey to find the meaning of life. He decided to locate his starting point within his own community, carefully labeling the aspects of life he wanted to explore. As he traveled to various places, he engaged in meaningful conversations, often giving impromptu lectures to share his own perspectives while learning from others. Nutty observed the daily labor of people in different regions, which gave him a deeper understanding of their struggles and joys. He identified layers within their stories, uncovering hidden truths about human existence. He noticed how societal structures and levies imposed by governments influenced their lives and freedoms. During these exchanges, Nutty admired the liberal attitudes of some communities that valued individuality and expression. He also saw how people, despite their differences, often connected through a shared link of humanity. Nutty found inspiration in their resilience and began to craft his own philosophy, building a framework of logic that reflected his journey and experiences. He realized that, likewise, his life had been shaped by connections and choices, just like the ones he observed. In the end, Nutty sought to license his findings and turn them into a guide for others, offering a roadmap for anyone searching for the meaning of life.

Word Organization

Label　　　프랑스어 'label' (리본)에서 유래. **n** 표, 딱지,
　　　　　　　v 표를 붙이다

Labor　　　라틴어 'labor' (수고, 일)에서 유래. **n** 노동, 업무,
　　　　　　　v 애를 쓰다

Layer　　　고대 영어 'lecgan' (땅에 놓다)에서 유래. **n** 막, 층,
　　　　　　　v 겹겹이 쌓다

Lecture　　라틴어 'legere' (읽다)에서 유래. **n** 강의, 강연

Levy　　　　라틴어 'levare' (들어 올리다)에서 유래.
　　　　　　　v 세금 등을 부과하다

Liberal　　라틴어 'liberalis' (자유의, 자유민의)에서 유래.
　　　　　　　adj 자유민주적인, 진보적인, **n** 자유주의자

License　　라틴어 'licere' (값을 매기다, 허용하다)에서 유래.
　　　　　　　v 허가하다, **n** 면허증

Likewise　'like' (같은)와 'wise' (방식)에서 유래.
　　　　　　　adv 똑같이, 비슷하게

Link　　　　인도유럽조어 'kleng' (구부리다, 돌리다)에서 유래.
　　　　　　　n 관련, 유대, **v** 연결하다

| Locate | 라틴어 'locare' (놓다, 두다)에서 유래. **v** 위치를 찾다 or 설치하다 |
| Logic | 그리스어 'logos' (이성, 개념)에서 유래. **n** 논리, 논리학 |

REVIEW TEST

- Each box has a label to identify its contents.
  각 상자에는 내용물을 식별할 수 있는 라벨이 있다.

- The factory workers performed hard labor all day.
  공장 노동자들은 하루 종일 힘든 노동을 했다.

- The cake has a thick layer of icing on top.
  그 케이크는 위에 두꺼운 아이싱 층이 있다.

- The professor gave an interesting lecture on ancient history.
  교수님은 고대 역사에 대해 흥미로운 강의를 하셨다.

- The government imposed a new levy on imported goods.
  정부는 수입품에 새로운 세금을 부과했다.

- She has a liberal attitude towards new ideas.
  그녀는 새로운 아이디어에 대해 자유로운 태도를 가지고 있다.

- You need a license to drive a car.
  차를 운전하려면 면허가 필요하다.

- The new policy will, likewise, affect all employees.
  새로운 정책은 마찬가지로 모든 직원들에게 영향을 미칠 것이다.

- There is a strong link between education and success.
  교육과 성공 사이에는 강한 연결 고리가 있다.

- The restaurant is locate in the center of town.
  그 레스토랑은 도심 한가운데에 위치해 있다.

- His argument was based on sound logic .
  그의 주장은 타당한 논리에 근거했다.

PROPER NOUN M ①

그가 여정을 계속하면서, 너티는 더욱 **성숙해졌습니다**. 그는 삶의 복잡한 **메커니즘**을 이해하기 위해 다양한 **방법**을 탐구했습니다. 어느 날, 그는 도시의 **가장자리**에 위치한 유명한 **의학** 연구소를 방문했습니다. 그곳에서 그는 삶의 질을 **극대화**하기 위한 획기적인 연구를 수행하고 있는 과학자들을 만났습니다. 그들의 작업에 영감을 받은 너티는 자신이 사회에 기여할 수 있는 **매체**에 대해 고민하기 시작했습니다. 그는 **정신적** 회복력과 신체적 강인함이 성장에 필수적이라는 것을 깨달았습니다. 그의 여정은 마치 **군사** 작전처럼 규율과 집중력을 요구했습니다. 이를 되새기며, 너티는 의미 있는 영향을 미칠 수 있는 프로젝트에 자신의 노력을 **이동시키기**로 결심했습니다. 그렇게 하여 그는 매번의 **중요한** 발전이 삶의 가능성에 대한 깊은 이해를 가져온다는 것을 발견했습니다.

As he continued his journey, Nutty became more mature. He explored various methods to understand the complex mechanisms of life. One day, he visited a prestigious medical research institute located at the margin of the city. There, he met scientists who were conducting groundbreaking research to maximize the quality of life. Inspired by their work, Nutty began to ponder the medium through which he could contribute to society. He realized that both mental resilience and physical strength were essential for growth. His journey, much like a military campaign, required discipline and focus. Reflecting on this, Nutty decided to migrate his efforts toward projects that could make a meaningful impact. In doing so, he discovered that every major step forward brought a deeper understanding of life's possibilities.

Word Organization

Major   라틴어 'maior' (더 큰)에서 유래. `adj` 주요한, 중대한, 미국 영어에서는 대학의 `n` 전공

Margin   인도유럽조어 'merg' (경계)에서 유래. `n` 여백, 차이, 수익

Mature   라틴어 'maturus' (익은)에서 유래. `adj` 어른스러운, `v` 성숙한

Maximize   라틴어 'maximum' (가장 큰)에서 유래. `v` 극대화하다

Mechanism   인도유럽조어 'magh-ana' (가능하게 하는 것)에서 유래. `n` 기계장치, 방법

Medical   라틴어 'medicinalis' (의학의)에서 유래. `adj` 의학의, 의료의, 내과의 or `n` 종합검진

Medium   라틴어 'medium' (중앙, 수단)에서 유래. `adj` 중간의, `n` 매체, 수단

Mental   라틴어 'mentalis' (마음의, 정신의)에서 유래. `adj` 정신의, 마음의

Method   그리스어 'methodos' (방법)에서 유래. `n` 방법, 체계성

Migrate   라틴어 'migrare' (이주하다)에서 유래. `v` 이동하다, 이주하다

Military　　　　라틴어 'militaris' (군인의)에서 유래.
　　　　　　　　　adj 군사의, 무력의, n 군인들, 군대

REVIEW TEST

- Winning the championship was a major achievement for the team.
  챔피언십 우승은 팀에게 중요한 성과였다.

- The book had wide margin to allow for notes.
  그 책은 필기를 할 수 있도록 넓은 여백이 있었다.

- As people mature , they often gain more life experience.
  사람들이 성숙해짐에 따라, 종종 더 많은 삶의 경험을 쌓는다.

- To maximize profits, the company reduced costs.
  이익을 극대화하기 위해, 회사는 비용을 줄였다.

- The mechanism of action in this machine is quite complex.
  이 기계의 작동 메커니즘은 상당히 복잡하다.

- She is studying to become a medical doctor.
  그녀는 의사가 되기 위해 공부하고 있다.

- Mental health is as important as physical health.
  정신 건강은 신체 건강만큼 중요하다.

- They developed a new method for solving the problem.
  그들은 문제를 해결하기 위한 새로운 방법을 개발했다.

- Many birds migrate south for the winter.
  많은 새들이 겨울을 나기 위해 남쪽으로 이동한다.

- He served in the military for ten years.
  그는 10년 동안 군대에서 복무했다.

- Communication serves as a critical medium for exchanging ideas.
  소통은 아이디어를 교환하기 위한 중요한 매체로 작용한다.

PROPER NOUN

여정을 이어가던 중, 너티는 한 나라의 환경부를 만났습니다. 이 환경부는 자연을 보호하기 위한 혁신적인 방식을 개발하고 있었습니다. 그들의 노력에 깊은 인상을 받은 너티는 자신의 예술을 통해 기여하고자 하는 강한 동기를 느꼈습니다. 그는 예술이 환경 보호에 대한 인식을 높이는 상호적인 노력으로 작용할 수 있음을 깨달았습니다. 환경부와 협력하여, 너티는 전시회의 진행 상황을 면밀히 감시했으며, 대중 참여를 높이기 위해 일부 요소를 수정했습니다. 이 전시회는 자연 보전의 중요성을 성공적으로 보여주었으며, 너티는 예술이 중요한 메시지를 전달하는 강력한 매개체가 될 수 있음을 깨달았습니다.

During his journey, Nutty encountered the **Ministry** of Environment of a country. This Ministry was developing innovative **modes** of protecting nature. Deeply impressed by their efforts, Nutty felt a strong **motive** to contribute through his art. He realized that creating art could be a **mutual** endeavor, fostering awareness about environmental conservation. Collaborating with the Ministry, Nutty carefully **monitored** the exhibition's progress and decided to **modify** certain elements for better public engagement. The exhibition successfully showcased the importance of nature conservation, and Nutty understood that art could serve as a powerful medium for meaningful messages.

Word Organization

Ministry
라틴어 'minister' (하인, 후원자, 장관)에서 유래.
n 목사, 성직자 or 영국에서는 정부의 각 **n** 부처

Mode
라틴어 'modus' (단위, 한도)에서 유래.
n 방식, 유형, 기분, 태도

Modify
라틴어 'modificare' (정리하다, 조절하다)에서 유래.
v 수정하다, 변경하다, 조정하다

Monitor
라틴어 'monere' (상기시키다, 권고하다)에서 유래.
n 화면, 감시장치 or **v** 추적 관찰하다, 감시하다

Motive
라틴어 'movere' (움직이다)에서 유래. **n** 동기, 이유,
adj 움직이게 하는, 원동력이 되는

Mutual
라틴어 'mutuus' (서로의, 상호적인)에서 유래.
adj 상호간의, 서로의 or 공동의, 공통의

REVIEW TEST

- The _Ministry_ of Education announced new policies.
  교육부는 새로운 정책을 발표했다.

- He switched his phone to silent _mode_ during the meeting.
  그는 회의 중에 휴대폰을 무음 모드로 전환했다.

- The software allows you to _modify_ the settings easily.
  그 소프트웨어는 설정을 쉽게 수정할 수 있게 해준다.

- The teacher will _monitor_ our progress throughout the course.
  선생님은 과정 내내 우리의 진행 상황을 모니터할 것이다.

- His main _motive_ for studying was to get a better job.
  그의 주된 학습 동기는 더 나은 직업을 얻기 위해서였다.

- They reached a _mutual_ agreement on the project.
  그들은 그 프로젝트에 대해 상호 합의에 도달했다.

PROPER NOUN **N, O**

여정을 계속하던 중, 너티는 한 핵 발전소 사고의 영향을 받은 지역을 방문했습니다. 시간이 지나면서 이곳에서는 생명이 다시 번성하기 시작했으며, 너티는 자연의 회복력과 아름다움을 발견했습니다. 이 환경 속에서 그는 자연과의 조화에 대한 깊은 개념을 느끼며, 자신이 진정으로 속한 자리를 깨달았습니다. 그럼에도 불구하고, 그는 자연과 조화롭게 사는 것이 현대 생활의 도전을 부정하지 않는다는 것을 인식했습니다. 그는 식물과 동물들의 연결망이 역경 속에서도 균형을 이루며 번성하는 모습을 보며 자신의 삶을 되돌아보았습니다. 이 경험은 그에게 앞으로 나아가기 위해 중립적인 태도가 필요하다는 것을 상기시켰습니다. 너티는 이러한 여정이 특이한 것이 아니라, 오히려 계속 진행 중인 성장 과정이라는 것을 이해했습니다. 그는 자신의 앞에 놓인 선택지를 고려한 후, 자연을 보호하고 존중하는 방향으로 자신의 삶을 지향하기로 결심했습니다. 어려움에도 불구하고, 그는 자연의 지속적인 강인함에서 힘을 얻었습니다. 너티는 이 지역을 떠나며 새롭게 다짐한 목적을 품고, 그의 이야기가 그럼에도 불구하고 이제 막 시작되었음을 깨달았습니다.

As Nutty continued his journey, he visited an area affected by a **nuclear** power plant accident. Over time, life had begun to flourish again in this place, and Nutty discovered the resilience and beauty of nature. In this environment, he felt a profound **notion** of harmony with nature and realized his true place within it. **Nevertheless**, he recognized that living harmoniously with nature does not **negate** the challenges of modern life. He saw how the **network** of plants and animals thrived in balance despite adversity, inspiring him to reflect on his own life. This experience reminded him that the path forward required a **neutral** stance—neither exploiting nor ignoring nature's needs. Nutty understood that this journey was not **odd** but rather an **ongoing** process of growth. With this realization, he considered the **options** before him and chose to **orient** his life toward protecting and respecting nature. **Notwithstanding** the difficulties, he felt empowered by the enduring strength of the natural world. Nutty left the area with a renewed purpose, knowing that his story was **nonetheless** just beginning.

Word Organization

Negate

라틴어 동사 'negare' (부인하다, 부정하다)에서 유래.
v 무효화하다, 부인하다

Network

16세기, 'net'과 'work'의 결합에서 유래.
n 망 or **v** 통신망을 연결하다, 방송하다

Neutral

라틴어 형용사 'neuter' (둘 중 아무도 아닌)에서 유래.
adj 중립적인, **n** 중립국의

Nevertheless

'never the less'에서 유래. **adv** 그렇기는 하지만, 그럼에
도 불구하고

Nonetheless

'none the less'에서 유래. **adv** 그렇기는 하지만, 그렇더
라도, 사실상 nevertheless와 동의어.

Notion

라틴어 동사 'noscere' (알다)에서 유래.
n 개념, 관념, 생각

Notwithstanding

'not'과 'withstanding'을 결합한 표현에서 유래.
prep **adv** ~에도 불구하고

Nuclear

'nucleus' (세포핵)에 '-ar'이 붙어서 유래.
adj 원자력의 or 핵의

Odd

고대 노르웨이어 'oddi' (세 번째, 추가적인 숫자)에서
유래. **adj** 이상한, 특이한, or 가끔의, 이따금의

Ongoing   'on'과 'going'의 결합에서 유래. `adj` 계속 진행 중인

Option   라틴어 동사 'optare' (마음대로 고르다)에서 유래.
               `n` 선택할 수 있는 것, 선택권

Orient   라틴어 동사 'oriri' (해, 달, 별 등이 뜨다)에서 유래.
               `v` ~를 지향하게 하다, ~에 적응하다

REVIEW TEST

- The new evidence seemed to negate the previous theory.
  새로운 증거는 이전 이론을 부정하는 것 같았다.

- The company's network of partners spans the globe.
  그 회사의 파트너 네트워크는 전 세계에 걸쳐 있다.

- The judge remained neutral throughout the trial.
  판사는 재판 내내 중립을 유지했다.

- He was very tired; nevertheless, he finished the work.
  그는 매우 피곤했지만, 그럼에도 불구하고 일을 마쳤다.

- It was raining; nonetheless, they continued the hike.
  비가 오고 있었지만, 그럼에도 불구하고 그들은 하이킹을 계속했다.

- The notion of freedom is central to their philosophy.
  자유의 개념은 그들의 철학의 핵심이다.

- Notwithstanding his efforts, the project failed.
  그의 노력에도 불구하고, 프로젝트는 실패했다.

- The country is investing in nuclear energy.
  그 나라는 원자력 에너지에 투자하고 있다.

- There's something _odd_ about his behavior today.
  그의 오늘 행동에는 뭔가 이상한 점이 있다.

- The construction is an _ongoing_ project.
  그 건설은 진행 중인 프로젝트이다.

- You have the _option_ to choose between the two courses.
  두 강좌 중에서 선택할 수 있는 옵션이 있습니다.

- The map will help you _orient_ yourself in the city.
  지도가 도시에 대한 방향을 잡는 데 도움이 될 것입니다.

PROPER NOUN P ①

너티는 새로운 목표를 향해 나아가기로 결심했습니다. 그는 자신이 할 수 있는 일들을 계획하기 위해 여러 전문가들과 패널을 구성했습니다. 자연의 회복력에서 얻은 교훈을 바탕으로, 너티는 적극적인 행동보다는 자연스럽게 상황에 따라 적응하는 수동적인 접근 방식을 채택했습니다. 오랜 기간에 걸쳐 그는 단계별로 프로젝트를 진행했습니다. 이러한 과정에서 그는 자연의 현상과 철학을 깊이 이해하게 되었고, 물리적인 노력과 더불어 내면의 성찰도 중요하다는 것을 깨달았습니다. 너티는 추가적으로 환경 보호 정책을 제안하고, 그가 배운 교훈들을 나누기 시작했습니다. 게다가, 그는 이러한 교훈들이 세대 간에 전해질 수 있도록 다양한 자료를 만들었습니다. 너티는 환경 정책의 작은 비율의 변화라도 미래에는 많은 도움이 될 수 있다고 말했습니다.

Nutty decided to move forward with a new goal in mind. He formed a panel of experts to plan the tasks ahead. Drawing from the lessons of nature's resilience, Nutty adopted a more passive approach, adjusting to circumstances rather than forcing changes. Over a period of time, he phased his projects. Through this process, he gained a deep understanding of natural phenomenon and philosophy, realizing the importance of both physical efforts and inner reflection. Additionally, Nutty proposed environmental policies and began sharing the lessons he had learned. Plus, he created various materials to ensure these lessons would be passed down through generations. Nutty said that even a small percent of change in environmental policy could help a lot in the future.

Word Organization

Panel
라틴어 'pannus' (천, 옷감)에서 유래.
🇳 판, or 전문가 집단

Passive
라틴어 'passivus' (수동의)에서 유래.
adj 수동적인, 소극적인

Percent
라틴어 'per centum' (백마다)에서 유래. 🇳 백분율

Period
그리스어 'periodos' (주기, 기간)에서 유래. 🇳 기간, 시기

Phase
그리스어 'phainein' (나타나다)에서 유래. 🇳 단계, 시기

Phenomenon
그리스어 'phainomenon' (나타난 것)에서 유래.
🇳 현상, or 경이로운 것

Philosophy
그리스어 'philosophia' (지혜를 사랑함)에서 유래.
🇳 철학

Physical
그리스어 'physis' (자연)에서 유래. adj 육체의, 물리적'

Plus
라틴어 'plus' (더 많은)에서 유래.
prep adj ~뿐만 아니라, ~도 또한

Policy
그리스어 'politeia' (시민권, 나라)에서 유래.
🇳 정책, 방침

REVIEW TEST

- The discussion panel included experts from various fields.
  그 토론 패널에는 다양한 분야의 전문가들이 포함되어 있었다.

- He took a passive role in the meeting and listened more than he spoke.
  그는 회의에서 소극적인 역할을 하며 말하는 것보다 듣는 데 더 많은 시간을 보냈다.

- The company's profits increased by 20 percent last year.
  그 회사의 수익은 작년에 20퍼센트 증가했다.

- This period will be remembered for many years.
  이 시기는 오랫동안 기억될 것이다.

- The project is entering its final phase .
  프로젝트는 마지막 단계에 접어들고 있다.

- The northern lights are a natural phenomenon .
  북극광은 자연 현상이다.

- His philosophy on life influenced many people.
  그의 삶에 대한 철학은 많은 사람들에게 영향을 미쳤다.

- Regular exercise is essential for maintaining good physical health.

  규칙적인 운동은 좋은 신체 건강을 유지하는 데 필수적이다.

- The team needs a few more players, plus a new coach.

  그 팀은 몇 명의 선수가 더 필요하고, 게다가 새로운 코치도 필요하다.

- The government has introduced a new environmental policy .

  정부는 새로운 환경 정책을 도입했다.

그러나 이 모든 노력 중에, 너티는 자신의 건강이 악화되고 있다는 것을 알아차리지 못했습니다. 다른 동물들은 그의 상태를 걱정하며 그에게 휴식을 권했지만, 너티는 자신의 **이전** 임무에 집중했습니다. 건강이 위태로워지자, 너티는 마침내 자기 관리를 해야 한다는 중요성을 깨달았습니다. 그는 자신의 건강에 대한 경험을 **출판하기로** 결정하며, 이를 다른 이들에게 도움을 주기 위해 **일부**를 공유했습니다. 너티는 일과 건강의 균형을 맞추는 도전을 스스로에게 **제기했습니다**. 그는 휴식의 **잠재적** 이점을 인식하며 **긍정적인** 태도를 채택했습니다. 건강 **전문가들**이 그를 지도하며, 건강의 **우선순위**를 설명했습니다. 너티는 건강 **프로토콜**과 **심리** 원칙을 따르며 자신의 여정을 기록했습니다. 그의 **출판물**은 다른 사람들을 돕기 위한 것이었습니다. 그는 열정을 **추구**하는 것을 멈추지 않았고, 이를 위해 새로운 건강 장비를 **구입**하기까지 했습니다.

However, during all these efforts, Nutty failed to notice that his health was deteriorating. The other animals worried about his condition and advised him to rest, but Nutty focused on his prior mission. When his health became critical, Nutty finally realized the importance of self-care. He also decided to publish his experiences on health, sharing a significant portion of them to help others. Nutty posed a challenge to himself to balance work and health. He adopted a positive outlook, recognizing the potential benefits of resting. Health practitioners guided him, explaining the priority of health. Nutty documented his journey following the health protocols and psychology principles. His publication aimed to help others. He never stopped pursuing his passion, even purchasing new health equipment to support his journey.

Word Organization

Pose 라틴어 동사 'ponere' (놓다)에서 유래.
`v` 제기하다 or `n` 자세

Positive 라틴어 'positus' (놓아진)에서 유래. `adj` 긍정적인

Potential 라틴어 명사 'potentia' (힘, 능력)에서 유래.
`adj` 가능성이 있는, `n` 잠재적인

Practitioner 라틴어 형용사 'practicus' (실천적인)에서 유래.
`n` 전문직 종사자

Portion 라틴어 명사 'portio' (부분)에서 유래. `n` 부분, 일부

Prior 라틴어 형용사 'prior' (더 중요한)에서 유래.
`adj` 이전의, 우선하는

Priority 라틴어 명사 'prioritas' (선행)에서 유래.
`n` 우선 사항, 우선권

Protocol 그리스어 명사 'protokollon' (원고의 첫 장)에서 유래.
`n` 외교 의례, 의전 or 조약의 초안

Psychology 그리스어 'psykhe' (정신)와 'logia' (연구)에서 유래.
`n` 심리학

Publication	라틴어 동사 'publicare' (발표하다)에서 유래. **n** 발표, 출판물
Publish	라틴어 동사 publicare (발표하다)에서 유래. **v** 출판하다, 발표하다
Purchase	옛 프랑스어 'porchacier' (찾다)에서 유래. **v** 구입하다, 구매하다
Pursue	라틴어 동사 'prosequi' (따르다)에서 유래. **v** 추구하다, 계속하다, 뒤쫓다

REVIEW TEST

- The model was asked to pose for the photo shoot.
  모델은 사진 촬영을 위해 포즈를 취하라고 요청받았다.

- He has a positive attitude towards challenges.
  그는 도전에 대해 긍정적인 태도를 가지고 있다.

- She has great potential as a leader.
  그녀는 지도자로서 큰 잠재력을 가지고 있다.

- The medical practitioner advised him to rest.
  그 의료 전문가(의사)는 그에게 휴식을 취하라고 조언했다.

- She only ate a small portion of her dinner.
  그녀는 저녁 식사의 작은 부분만 먹었다.

- Prior to the meeting, please review the documents.
  회의 전에, 문서를 검토해 주세요.

- His top priority is to finish the project on time.
  그의 최우선 사항은 프로젝트를 제시간에 끝내는 것이다.

- The company follows strict protocol for data protection.
  그 회사는 데이터 보호를 위한 엄격한 규칙을 따르고 있다.

- She is studying _psychology_ at university.
  그녀는 대학에서 심리학을 공부하고 있다.

- The _publication_ of his latest book is scheduled for next month.
  그의 최신 책 출판은 다음 달로 예정되어 있다.

- He plans to _publish_ his findings in a scientific journal.
  그는 자신의 연구 결과를 과학 저널에 발표할 계획이다.

- She decided to _purchase_ a new laptop for work.
  그녀는 일을 위해 새 노트북을 구입하기로 결정했다.

- He decided to _pursue_ a career in law.
  그는 법률 분야의 경력을 쌓기로 결정했다.

PROPER NOUN **Q, R**

그러나 건강이 계속 악화되면서 너티는 삶의 마지막 순간에 자신이 할 수 있는 것이 무엇인지 고민했습니다. 그는 자신의 삶을 질적으로 평가하며, 과거의 인용구들을 떠올렸습니다. 너티는 삶의 급진적인 변화를 수용하려고 노력했지만, 무작위로 떠오르는 생각들에 마음이 혼란스러웠습니다. 그는 다양한 가능성의 범위를 고려했고, 자신에게 주어진 역할과 책임을 이해하려 했습니다. 너티는 합리적인 접근 방식을 유지하면서, 자신에게 가장 관련성이 있는 길을 찾기 위해 노력했습니다. 그의 몸은 점점 더 경직되어 갔지만, 그는 마지막까지 자신의 인생 경로를 찾으려 애썼습니다. 너티는 과거의 성공과 실패의 비율을 비교하면서, 자신의 선택이 얼마나 중요한지 깨달았습니다.

However, as his health continued to deteriorate, Nutty pondered what he could do in the final moments of his life. He **qualitatively** evaluated his life, recalling past **quotes**. Nutty tried to embrace **radical** changes but felt confused by **random** thoughts. He considered a **range** of possibilities and tried to understand his **role** and responsibilities. Maintaining a **rational** approach, Nutty sought the most **relevant route** for himself. His body grew more **rigid**, but he persisted in finding his life's path until the end. Nutty realized the importance of his choices by comparing the **ratio** of his past successes and failures.

Word Organization

Qualitative 라틴어 명사 'qualitas' (성질)에서 유래. **adj** 질적인

Quote 라틴어 형용사 'quot' (몇)에서 유래.
v 인용하다, 예를 들다

Radical 라틴어 'radix' (뿌리)에서 유래. **adj** 근본적인, 극단적인

Random 원시 프랑크어 'rant' (달리다)에서 유래. **adj** 무작위의

Range 옛 프랑스어 'range' (범위)에서 유래. **n** **v** 범위, 다양성

Ratio 라틴어 동사 'reri' (생각하다)에서 유래. **n** 비율, 비

Rational 라틴어 동사 'reri' (생각하다)에서 유래.
adj 합리적인, 이성적인

Relevant 라틴어 동사 'relevare' (들어올리다)에서 유래.
adj 관련 있는, 적절한

Rigid 라틴어 동사 'rigere' (굳어지다)에서 유래.
adj 엄격한, 뻣뻣한

Role 라틴어 명사 'rotula' (작은 바퀴)에서 유래. **n** 역할

Route 라틴어 동사 'rumpere' (깨뜨리다)에서 유래. **n** 길, 경로

REVIEW TEST

- The study included both _qualitative_ and quantitative data.
  그 연구는 질적 데이터와 양적 데이터를 모두 포함했다.

- She started her speech with a famous _quote_ .
  그녀는 유명한 인용구로 연설을 시작했다.

- The new policy introduced _radical_ changes to the system.
  새 정책은 시스템에 급진적인 변화를 도입했다.

- The prizes were given out to winners in a _random_ order.
  상품은 무작위 순서로 수상자들에게 수여되었다.

- The product is available in a wide _range_ of colors.
  그 제품은 다양한 색상으로 제공된다.

- The _ratio_ of teachers to students in this school is 1:20.
  이 학교의 교사 대 학생 비율은 1:20이다.

- His decision was based on _rational_ thinking.
  그의 결정은 합리적인 사고에 기반을 두었다.

- Her experience is highly _relevant_ to the job.
  그녀의 경험은 그 일과 매우 관련이 있다.

- The old rules were too rigid and needed to be updated.
  옛 규칙들은 너무 경직되어 있어 업데이트가 필요했다.

- His role in the project was to manage the budget.
  그의 프로젝트에서의 역할은 예산을 관리하는 것이었다.

- We took a scenic route through the mountains.
  우리는 산을 가로지르는 경치 좋은 경로를 택했다.

PROPER NOUN S ①

너티는 스스로 한 모든 활동이 하나의 예술이라는 생각을 하게 되었습니다. 미술, 환경운동, 정치참여, 사랑 이 모든 것이 자신이 속한 세상을 더 좋게 바꾸고 싶은 마음에서 비롯된 것이었습니다. 너티는 이러한 활동들이 바로 자신이 생각하는 진정한 예술임을 깨달았습니다. 그의 인생은 여러 시나리오와 일정, 계획으로 가득 차 있었고, 그는 그 모든 것을 열심히 수행했습니다. 다양한 활동의 범위를 확장하며, 너티는 자신의 목표를 안전하게 확보하려고 노력했습니다. 그는 예술에 더 큰 영향을 주기 위해 새로운 기회와 아이디어를 찾으려고 계속 노력했습니다. 너티는 각 활동을 신중하게 선택했고 그것들을 일련의 목표를 달성하기 위해 순서대로 배열했습니다. 그는 성별을 불문하고 모두에게 공평하게 다가갔습니다. 그의 예술은 단순한 작품이 아니라, 세상을 더 나은 곳으로 만들기 위한 진정한 노력의 결실이었습니다.

Nutty came to believe that all his activities were forms of art. Painting, environmental activism, political participation, and love were all driven by his desire to make the world a better place. Nutty realized that this desire was the true essence of what he considered art. His life was filled with various **scenarios**, **schedules**, and **schemes**, and he diligently carried out all of them. Expanding the **scope** of his activities, Nutty sought to **secure** his goals safely. He continued to **seek** new opportunities and ideas to make his art more impactful. He carefully **selected** each task and **sequenced** them to achieve a **series** of objectives. Regardless of **sex**, he approached everyone equally. His art was not just about creating pieces but about making a genuine effort to improve the world.

Word Organization

Scenario　　라틴어 형용사 'scaenarius' (무대의)에서 유래.
　　　　　　　n 시나리오, 각본

Schedule　　그리스어 동사 'skhizein' (찢다)에서 유래. n 일정,
　　　　　　　v 일정을 잡다

Scheme　　　그리스어 명사 'skhema' (모습, 형태)에서 유래.
　　　　　　　n 계획, 제도, 책략

Scope　　　그리스어 동사 'skeptomai' (주시하다)에서 유래.
　　　　　　　n 범위, 기회

Secure　　　라틴어 형용사 'securus' (안심하는)에서 유래. adj 안전한
　　　　　　　v 확보하다

Seek　　　인도유럽조어 'sag-' (추적하다)에서 유래. v 찾다, 추구하다

Select　　　라틴어 동사 'seligere' (골라내다)에서 유래. v 선택하다

Sequence　　라틴어 동사 'sequi' (뒤를 따르다)에서 유래. n 연속, 순서

Series　　　라틴어 동사 'serere' (짜다)에서 유래. n 연속, 시리즈

Sex　　　　라틴어 동사 'secare' (자르다)와 관련 추정. n 성, 성별

REVIEW TEST

- The team developed a detailed scenario for the new project.
  팀은 새로운 프로젝트를 위한 상세한 시나리오를 개발했다.

- We need to finalize the schedule for next week's meetings.
  우리는 다음 주 회의 일정을 확정해야 한다.

- The government introduced a new scheme to improve healthcare.
  정부는 의료 서비스를 개선하기 위한 새로운 계획을 도입했다.

- The scope of the research includes all major cities in the country.
  연구의 범위는 전국의 주요 도시를 모두 포함한다.

- It's important to secure your online accounts with strong passwords.
- 강력한 비밀번호로 온라인 계정을 보호하는 것이 중요하다.

- He decided to seek professional advice before making a decision.
  그는 결정을 내리기 전에 전문가의 조언을 구하기로 했다.

- You need to select the best candidate for the job.
  그 일에 가장 적합한 후보자를 선택해야 한다.

- The events will follow a specific sequence .
  이벤트는 특정 순서에 따라 진행될 것이다.

- The TV show will be aired as a series of episodes.
  그 TV 쇼는 일련의 에피소드로 방영될 것이다.

- The form requires you to indicate your sex .
  그 양식은 성별을 표시하도록 요구한다.

PROPER NOUN S ❷

너티는 깊은 사색을 계속 이어갔습니다. 그는 자신의 활동에서 **중요한 변화**를 감지했습니다. **비슷한** 경험을 가진 다른 동물들과의 대화를 통해, 너티는 이 변화를 모의 실험처럼 **시뮬레이션해 보았습니다.** 그는 자신이 경험한 모든 것들이 **소위** '인생의 중요한 **원천**'이라고 불리는 것들이라는 결론에 도달했습니다. 너티는 자신의 삶의 **유일한** 목표가 단순한 개인의 성취가 아니라, 모든 동물들이 더 나은 세상을 만들기 위한 공을 공유하는 것임을 깨달았습니다. 그의 사색은 인생의 여러 **영역**으로 확장되었고, 너티는 이러한 생각들이 자신의 삶을 더욱 풍요롭게 만들었다고 느꼈습니다. 그는 특별한 영감을 얻기 위해 여러 **현장**를 방문하기도 했습니다. **어느 정도** 그의 사색이 깊어질수록, 그는 자신의 인생이 더욱 의미 있다고 느꼈습니다.

Nutty continued his deep contemplation. He sensed a significant shift in his activities. Through conversations with other animals who had similar experiences, Nutty simulated these changes like a mock experiment. He concluded that everything he had experienced was a so-called "significant source of life." Nutty realized that his sole aim in life was not just personal achievement, but sharing the responsibility of creating a better world for all animals. His contemplation expanded into various spheres of life, and Nutty felt that these thoughts enriched his life even more. He also visited various sites for unique inspiration. Somewhat, as his contemplation deepened, he felt his life was more meaningful.

Word Organization

Shift 인도유럽조어 'skei-' (자르다)에서 유래. **v** 옮기다,
이동하다, **n** 변화, 교대근무

Significant 라틴어 동사 'significare' (나타나다)에서 유래.
adj 중요한, 의미 심장한

Similar 라틴어 형용사 'similis' (비슷한)에서 유래.
adj 비슷한, 유사한

Simulate 라틴어 동사 'simulare' (비슷하게 만들다)에서 유래.
v 모의 시험하다, 모방하다

Site 라틴어 동사 'sinere' (허락하다)에서 유래. **n** 위치, 현장

So-called 15세기 중반 'so'와 'called'의 결합으로 생성,
adj 소위, 이른바

Sole 라틴어 형용사 'solus' (혼자만의)에서 유래.
adj 유일한, 단독의, **n** 발바닥

Somewhat 5세기 초 'some'과 'what'의 결합으로 생성,
adv 어느 정도, 약간

Source 라틴어 'surgere' (일어나다)에서 유래. **n** 기원, 출발점

Sphere 그리스어 동사 'sphaira' (구, 공)에서 유래. **n** 구, 영역

REVIEW TEST

- The company decided to shift its focus from manufacturing to services.

  회사는 초점을 제조업에서 서비스업으로 전환하기로 결정했다.

- The discovery had a significant impact on the field of medicine.

  그 발견은 의학 분야에 중대한 영향을 미쳤다.

- The twins look very similar to each other.

  그 쌍둥이는 서로 매우 닮았다.

- The researchers used a computer program to simulate the weather patterns.

  연구원들은 날씨 패턴을 모의 실험하기 위해 컴퓨터 프로그램을 사용했다.

- The construction site for the new mall has been selected.

  새 쇼핑몰의 건설 부지가 선정되었다.

- The so-called experts claimed they could predict the future.

  자칭 전문가들은 미래를 예측할 수 있다고 주장했다.

- He was the sole survivor of the accident.

  그는 그 사고의 유일한 생존자였다.

- The results were somewhat different from what we expected.
  결과는 우리가 예상했던 것과 다소 달랐다.

- The river is the main source of water for the village.
  그 강은 마을의 주요 식수원이다.

- She has made a name for herself in the academic sphere .
  그녀는 학계에서 유명해졌다.

PROPER NOUN S ❸

너티는 이제 자신의 삶을 더 **직접적이고** 명확하게 바라보기 시작했습니다. 그는 자신의 경험과 깨달음을 정리하여 요약했습니다. 그러면서도, 이러한 **요약**이 단순히 그의 인생의 **합계**가 아니라는 점을 깨달았습니다. 이를 위해 그는 새로운 **전략**을 세우고, 자신의 삶을 더 잘 **구조화하**려고 노력했습니다. 그의 예술 작품들은 새로운 **스타일**을 통해 그의 이야기를 전달하기 시작했습니다. 이 작품들은 단순히 예술품이 아니라, 그의 인생과 철학을 상징하는 중요한 **상징**이 되었습니다.

Nutty began to view his life in a more **straightforward** and clear manner. He summarized his experiences and insights, realizing that this **summary** was not merely the **sum** of his life. To better reflect this, he developed a new **strategy** and tried to **structure** his life more effectively. His art pieces started to convey his story through a new **style**. These pieces became important **symbols**, not just as artworks, but as representations of his life and philosophy.

Word Organization

Straightforward　　1800년대 초 'straight' (곧은)과 'forward' (앞으로)의
결합으로 생성, **adj** 간단한, 쉬운 or 솔직한

Strategy　　그리스어 'strategos' (장군)에서 유래. **n** 계획, 전략

Structure　　라틴어 동사 'struere' (쌓다)에서 유래.
n 구조, 구조물, 건축물, **v** 조직하다, 구조화하다

Style　　라틴어 명사 'stilus' (뾰족한 물건)에서 유래.
n 방식, 유행 or 문체, 화풍

Sum　　라틴어 명사 'summa' (꼭대기, 정상)에서 유래.
n 액수, 합, 총합

Summary　　라틴어 명사 'summa'에서 유래. **n** 요약, 개요,
adj 간략한 or 약식의

Symbol　　그리스어 명사 'symbolon' (표식, 암호, 기호)에서 유래.
n 상징, 부호

REVIEW TEST

- The instructions for assembling the furniture were very straightforward .
  가구를 조립하는 지침은 매우 간단했다.

- The company developed a new strategy to increase sales.
  회사는 판매를 증가시키기 위한 새로운 전략을 개발했다.

- The structure of the building was designed to withstand earthquakes.
  그 건물의 구조는 지진을 견딜 수 있도록 설계되었다.

- Her style of writing is both clear and engaging.
  그녀의 글쓰기 스타일은 명확하면서도 흥미롭다.

- The sum of all the expenses was higher than expected.
  모든 비용의 합계가 예상보다 높았다.

- The report included a summary of the main findings.
  그 보고서는 주요 발견 사항의 요약을 포함했다.

- The heart is a universal symbol of love.
  심장은 사랑의 보편적인 상징이다.

PROPER NOUN T

병과 싸우며, 너티는 마지막 유작을 남기기로 결심하였습니다. 그의 **목표**는 이 작품을 완성하는 것이었으며, 그는 신뢰할 수 있는 **팀**을 구성하고 각각의 팀원들에게 구체적인 **과제**를 맡겼습니다. 작품의 **주제**는 너티의 삶과 깨달음이었습니다. **이론들**에 기반하여 구상된 이 예술 작품은 그의 여정의 **흔적**을 담아 그의 경험을 상징하였습니다. **긴박한** 상황에도 불구하고, 너티는 작품을 완성하는 데 집중하며 그것이 그의 이야기를 영속적으로 증명하고, **그렇게 함으로써** 다른 이들에게 영감을 줄 것이라고 희망하였습니다. 너티는 팀과 함께 **임시** 스튜디오를 마련하고, **테이프**와 기타 재료를 사용하여 골조를 만들었습니다. 그의 병세가 악화되면서 프로젝트를 **종료**해야 할 압박이 커졌지만, 이는 새로운 예술적 영감을 **촉발하였습니다**. **주제**는 그의 삶의 철학과 관련이 있었으며, 하나의 **논지**로 간주될 수 있었습니다. 너티는 이 작품이 예술 분야에서 새로운 **동향**을 제시할 것이라고 믿었습니다.

Battling his illness, Nutty decided to leave behind one final masterpiece. His target was to complete this work, so he assembled a trusted team and assigned specific tasks to each member. The theme of the piece was Nutty's life and lessons learned. Conceptualized based on theories, the artwork contained traces of his journey, symbolizing his experiences. Despite the tense situation, Nutty focused on completing the piece, hoping it would serve as a lasting testament to his story and, thereby, inspire others. Nutty set up a temporary studio with his team, using tape and other materials to construct the framework. As his illness worsened, the pressure to terminate the project increased, but it also triggered new artistic inspiration. The topic was related to his life's philosophy, akin to a thesis, and Nutty believed it would set a new artistic trend in the field.

Word Organization

Tape　　　　라틴어 명사 'tapete' (담요, 양탄자)에서 유래. 🅝 테이프,
　　　　　　　🆅 녹음하다, 녹화하다 or 테이프, 끈으로 묶다

Target　　　게르만조어 'targ-' (가장가리)에서 유래.
　　　　　　　🅝 목표, 표적, 과녁, 🆅 목표로 삼다, 겨냥하다

Task　　　　라틴어 동사 'taxare' (평가하다, 감정하다)에서 유래.
　　　　　　　🅝 일, 과업, 과제, 🆅 ~에게 과업을 맡기다

Team　　　　인도유럽조어 'deuk-' (이끌다)에서 유래.
　　　　　　　🅝 팀, 단체, 🆅 팀을 짜다

Temporary　라틴어 명사 'tempus' (시간, 때)에서 유래.
　　　　　　　adj 일시적인, 임시의

Tense　　　라틴어 동사 'tendere' (펼치다, 늘리다)에서 유래.
　　　　　　　adj 긴장한, 신경이 날카로운 or 긴박한, 긴장된, 🅝 시제

Terminate　라틴어 동사 'terminare' (끝내다)에서 유래.
　　　　　　　🆅 끝내다, 종료하다

Theme　　　그리스어 명사 'thema' (놓여진 것)에서 유래. 🅝 주제, 테마

Theory　　　그리스어 동사 'theorein' (보다, 관찰하다)에서 유래.
　　　　　　　🅝 이론, 학설 or 의견, 생각

Thereby	'there'과 'by'의 결합으로 생성, `adv` 그렇게 함으로써, 그것 때문에
Thesis	그리스어 명사 'thesis' (제의, 제안)에서 유래. `n` 학위논문, 논지
Topic	그리스어 명사 'topos' (장소)에서 유래. `n` 주제
Trace	라틴어 동사 'trahere' (잡아당기다, 이끌다)에서 유래. `v` 추적하다, 찾아내다, `n` 자취, 흔적
Trend	게르만조어 'trandijan' (굴리다, 돌리다)에서 유래. `n` 동향, 추세
Trigger	네털란드어 동사 'trekken' (당기다)에서 유래. `n` 방아쇠, 계기, 도화선, `v` 촉발시키다, 작동시키다

REVIEW TEST

- The electrician used tape to secure the wires in place.

  전기기술자는 전선을 고정하기 위해 테이프를 사용했다.

- Our main target for this quarter is to increase customer satisfaction.

  이번 분기의 주요 목표는 고객 만족도를 높이는 것이다.

- Her main task today is to finish the report.

  그녀의 오늘 주요 과제는 보고서를 끝내는 것이다.

- The project was completed thanks to the hard work of the team .

  그 프로젝트는 팀의 노고 덕분에 완료되었다.

- The store is hiring temporary workers for the holiday season.

  그 가게는 휴가철 동안 임시 직원을 고용하고 있다.

- The atmosphere in the room was tense before the big announcement.

  중요한 발표 전 방의 분위기는 긴장되어 있었다.

- They had to terminate the contract due to unforeseen circumstances.

  예상치 못한 상황으로 인해 계약을 종료해야 했다.

- The _theme_ of the book is the journey of self-discovery.
  그 책의 주제는 자기 발견의 여정이다.

- Einstein's _theory_ of relativity revolutionized physics.
  아인슈타인의 상대성 이론은 물리학을 혁신했다.

- She completed her degree, _thereby_ qualifying for the position.
  그녀는 학위를 취득함으로써 그 직위에 자격을 갖추게 되었다.

- He wrote a _thesis_ on climate change for his graduate degree.
  그는 대학원 학위 논문으로 기후 변화에 관한 논문을 썼다.

- The _topic_ of the lecture was renewable energy sources.
  그 강연의 주제는 재생 가능 에너지였다.

- The detective found a _trace_ of evidence leading to the suspect.
  탐정은 용의자에게 이르는 증거의 흔적을 발견했다.

- The latest fashion _trend_ include retro styles.
  최신 패션 트렌드에는 복고 스타일이 포함된다.

- The loud noise _trigger_ a reaction from the crowd.
  큰 소음이 군중의 반응을 유발했다.

PROPER NOUN U, V

너티는 자신의 삶의 최후 순간에 가까워지며 그의 여정을 되돌아보았습니다. 그는 남은 모든 힘을 활용하여 그의 걸작의 최종 버전을 완성하였습니다. 방은 그의 마지막 말소리와 팀의 조용한 이해로 가득 찼습니다. 그의 생각은 다양했지만, 메시지는 여전히 타당하였습니다: 삶은 소중했습니다. 너티의 삶은 변화의 수단이었으며, 그의 자발적인 노력과 열정으로 움직였습니다. 그의 예술을 통해, 그는 자신의 가장 깊은 진실을 전달하며 자신의 핵심 가치를 침해하지 않았습니다. 그 마지막 순간, 그는 그의 유산이 계속될 것임을 알며 평화를 느꼈습니다. 마지막으로 눈을 감으며, 릴리의 가상의 존재가 그를 위로해 주는 것처럼 느꼈습니다.

As Nutty approached the **ultimate** moment of his life, he reflected on his journey. **Utilizing** all his remaining strength, he created a final **version** of his masterpiece. The room was filled with the **volume** of his last words and the silent understanding of his team. His thoughts **varied**, but the message remained **valid**: life was precious. Nutty's life had been a **vehicle** for change, driven by his **voluntary** efforts and passion. **Via** his art, he communicated his deepest truths, never **violating** his core values. In those final moments, he felt a sense of peace, knowing his legacy would live on. As he closed his eyes for the last time, the **virtual** presence of Lily seemed to comfort him.

Word Organization

Ultimate
라틴어 동사 'ultimare' (끝에 이르다)에서 유래.
adj 궁극적인, 최후의 or 최고의, 최상의

Utilize
라틴어 동사 'uti' (사용하다)에서 유래.
v 활용하다, 이용하다

Valid
라틴어 동사 'valere' (잘 있다, 강하다)에서 유래.
adj 유효한, 타당한

Vary
라틴어 동사 'variare' (다르게 하다)에서 유래.
v 서로 각기 다르다, 변화를 주다

Vehicle
인도유럽조어 'wegh-' (가다, 움직이다)에서 유래.
n 차량, 탈 것, 운송 수

Version
인도유럽조어 'wer-' (돌리다, 구부리다)에서 유래.
n 판, 형태, 설명, 견해

Via
라틴어 명사 'via' (길)에서 유래.
prep 경유하여, 거쳐 or 통하여

Violate
라틴어 동사 'violare' (난폭하게 다루다, 침범하다)에서 유래.
v 위반하다, 어기다, 침해하다, 훼손하다, 더럽히다

Virtual
라틴어 명사 'virtus' (남자의 멋, 덕성)에서 유래.
adj 사실상의, 거의 or 가상의

Volume	라틴어 동사 'volvere' (굴리다, 구르다, 돌다)에서 유래. **n** 용량, 용적, 양, 음량 or (책의) 권
Voluntary	라틴어 동사 'velle' (원하다)에서 유래. **adj** 자발적인, 자원봉사로 하는

REVIEW TEST

- Achieving the _ultimate_ goal of world peace requires cooperation from all nations.

  세계 평화라는 궁극적인 목표를 달성하려면 모든 국가의 협력이 필요하다.

- We need to _utilize_ all available resources to complete the project on time.

  우리는 프로젝트를 제시간에 완료하기 위해 이용할 수 있는 모든 자원을 활용해야 한다.

- The coupon is _valid_ until the end of the month.

  그 쿠폰은 월말까지 유효하다.

- Prices of goods can _vary_ depending on the region.

  상품의 가격은 지역에 따라 다를 수 있다.

- They traveled across the country in their new _vehicle_.

  그들은 새 차량을 타고 전국을 여행했다.

- This is the latest _version_ of the software.

  이것이 소프트웨어의 최신 버전이다.

- She sent the documents _via_ email.

  그녀는 이메일을 통해 문서를 보냈다.

- It is illegal to violate someone's privacy.
  누군가의 사생활을 침해하는 것은 불법이다.

- The company offers virtual tours of their factory.
  그 회사는 공장의 가상 투어를 제공한다.

- The volume of the water in the tank was measured daily.
  탱크 안의 물의 양은 매일 측정되었다.

- Participation in the event is entirely voluntary.
  이벤트 참여는 전적으로 자발적이다.

PROPER NOUN **W**

너티는 진정한 **복지**가 동물과 자연이 평화롭게 함께 사는 것을 의미한다는 것을 깨달았습니다. 이것은 그의 긴 삶의 여정에서 얻은 최종적인 깨달음이었습니다. 그는 이 이해를 바탕으로 자신의 마지막 걸작을 완성하였습니다. 너티가 자신의 삶의 마지막 순간을 맞이하며, 그는 자신이 만든 걸작을 응시하였습니다. 놀랍게도, 그것은 안에 아무것도 들어있지 않은 거대한 액자였습니다. 이 액자를 통해 마을을 바라보면, 그것은 삶과 예술을 상징하였습니다. 이 아이디어는 **광범위하게** 퍼지며, 마을 너머의 많은 사람들에게 영향을 주었으며, **반면에** 다른 사람들은 각자의 해석을 찾았습니다. **그로 인해**, 복지라는 개념이 다양한 방식으로 수용되었으며, 해석 과정에서 가끔 발생하는 **오류**에도 불구하고 받아들여졌습니다. 너티의 유산은 그의 작은 마을의 경계를 넘어 조화와 공존에 대한 논의를 계속해서 영감으로 주었습니다.

Nutty realized that true **welfare** meant allowing animals and nature to live together peacefully. This was the final idea he gained from his long life journey. He completed his last masterpiece with this understanding. As Nutty faced the final moments of his life, he gazed at the masterpiece he had created. Surprisingly, it was an enormous picture frame with nothing inside it. When one looked at the village through the frame, it symbolized life and art. This idea spread **widespread**, influencing many beyond the village, **whereas** others found their own meanings. **Whereby**, the concept of welfare was embraced in different ways, despite occasional **errors** in interpretation. Nutty's legacy continued to inspire discussions about harmony and coexistence, transcending the boundaries of his small village.

Word Organization

Welfare
고대영어 표현 'wel faran'에서 유래. 'wel'은 현대영어 'well'을, 'faran'은 'fare'를 뜻함. '잘 지내다'라는 의미에서 발전하여 현대영어에서 **n** 안녕, 복지, 후생

Whereas
'where'과 'as'가 결합된 단어로 14세기 중반부터 사용됨. 두 가지 사실을 비교하거나 대조할 때
prep A는 ~만, B는 ~다

Whereby
'where'과 'by'가 결합되어 1200년대에 처음 사용됨. 현대영어에서 **adv** (그것에 의하여) ~하는

Widespread
'wide'와 'spread'가 결합된 단어로 1700년대 초반에 처음 사용됨. 현대영어에서 **adj** 광범위한, 널리 퍼진

Error
라틴어 'errare' (방황하다, 실수하다)에서 파생된 'error' (잘못, 실수)에서 유래. 현대영어에서 **n** 실수, 오류

REVIEW TEST

- The new policy aims to improve social welfare .

  새 정책은 사회 복지를 향상시키는 것을 목표로 한다.

- She prefers tea, whereas her brother likes coffee.

  그녀는 차를 선호하는 반면, 그녀의 형제는 커피를 좋아한다.

- He created a plan whereby all employees could benefit from
  the new system.

  그는 모든 직원이 새로운 시스템의 혜택을 받을 수 있는 계획을 세웠다.

- The disease caused widespread panic across the region.

  그 질병은 지역 전반에 걸쳐 광범위한 공포를 불러일으켰다.

- The report contained an error that needed immediate
  correction.

  그 보고서는 즉각적인 수정이 필요한 오류를 포함하고 있었습니다.

영어혁명
시리즈 **2**

읽기만 하면 단어가 외워진다

단어 없는 단어장

초판 발행	2025년 1월 20일
지은이	**이윤규 · 주지후** 공저
발행인	이주영
등록	제2024-000070호
펴낸곳	드림스쿨(DreamSchool) 경기도 파주시 탄현면 국화향길 10-38 Tel 070-4229-0621 Fax 031)935-0621
책임 기획&편집	정연옥
ISBN	979-11-991023-1-6 979-11-991023-2-3(세트)

값 20,000원